FORMULAIRE

DU

PRATICIEN DE L'ÉTAT CIVIL

CONTENANT

LA FORMULE DE CHACUN DES ACTES DE L'ÉTAT CIVIL

ET DES MODÈLES POUR TOUS LES CERTIFICATS, PROCÈS-VERBAUX, ÉTATS

ET AUTRES DOCUMENTS QUI SE RATTACHENT A L'ÉTAT CIVIL

PAR

A. MISCOPEIN

SECRÉTAIRE DE MAIRIE EN RETRAITE

à Nogent-sur-Marne (Seine).

PARIS

SOCIÉTÉ D'IMPRIMERIE ET LIBRAIRIE ADMINISTRATIVES ET DES CHEMINS DE FER

PAUL DUPONT, Éditeur

4, RUE DU BOULOI, 4

—

1890

FORMULAIRE

DU

PRATICIEN DE L'ÉTAT CIVIL

FORMULAIRE

DU

PRATICIEN DE L'ÉTAT CIVIL

CONTENANT

LA FORMULE DE CHACUN DES ACTES DE L'ÉTAT CIVIL

ET DES MODÈLES POUR TOUS LES CERTIFICATS, PROCÈS-VERBAUX, ÉTATS

ET AUTRES DOCUMENTS QUI SE RATTACHENT A L'ÉTAT CIVIL.

PAR

A. MISCOPEIN

SECRÉTAIRE DE MAIRIE EN RETRAITE

à Nogent-sur-Marne (Seine).

PARIS

SOCIÉTÉ D'IMPRIMERIE ET LIBRAIRIE ADMINISTRATIVES ET DES CHEMINS DE FER

PAUL DUPONT, Éditeur

4, RUE DU BOULOI, 4

INTRODUCTION

Le *Formulaire du praticien de l'état civil* est un ouvrage complet dans son unité. Il peut suffire à ceux qui, connaissant à fond toutes les règles applicables aux actes de l'état civil et aux formalités auxquelles ces actes donnent lieu lors de leur confection, n'ont besoin d'avoir en main que la mise en pratique de ces règles sous une forme méthodique, énonçant les faits dans le meilleur ordre et donnant au rédacteur l'assurance qu'il n'est exposé, en la suivant, ni aux omissions, ni aux répétitions, ni aux ratures et renvois qui se trouvent, presque inévitablement, dans les actes dressés seulement sous l'inspiration de la théorie, quand il s'agit d'énoncer des circonstances particulières dont la place n'a pas été déterminée à l'avance dans la formule ordinairement suivie.

Il a été dressé en même temps et sur le même plan que la *Science du praticien de l'état civil*, du même auteur, dont il est le complément.

Comme ce dernier ouvrage, il a été divisé en quatre parties, lesquelles comprennent, savoir :

1re PARTIE. — Formules se rapportant aux formalités communes à tous les registres, à tous les actes, à toutes les expéditions d'actes et à la perception des droits d'expédition ;

2e PARTIE. — Formules applicables aux naissances, aux expositions d'enfants trouvés, aux reconnaissances d'enfants naturels, aux actes supplétifs d'adoption et à certaines expéditions de quelques-uns de ces actes ;

3e PARTIE. — Formules applicables aux publications de mariage, aux actes de mariage, aux actes supplétifs de jugements de divorce, à certaines expéditions de quelques-uns de ces actes et aux formalités qui précèdent ou suivent lesdits actes ;

4e PARTIE. — Formules applicables aux actes de décès et aux formalités causées par les décès (A).

Dans ce *Formulaire*, différent en cela de ceux qui ont été publiés avant lui, chaque sorte d'acte ne comporte qu'une formule. Elle réunit les éléments principaux qui constituent, pour ainsi dire, la charpente de l'acte telle que la loi la compose, et elle est disposée de manière à être remplie méthodiquement par les énonciations applicables aux diverses circonstances qui peuvent se rencontrer dans l'espèce, numérotées et indiquées sommairement en marge et qu'on trouve exposées avec leurs règles particulières dans la *Science du praticien de l'état civil* sous les mêmes numéros. Toutefois, les espèces qui se rencontrent dans les mariages étant nombreuses, pour bien établir la partie fondamentale de l'acte et n'obliger à chercher le texte complémentaire variable que s'il y a lieu, on a, pour les actes de mariage, dressé une formule double composée d'une formule cadre, remplie uniquement des énonciations applicables à la situation la moins compliquée, et d'une formule universelle, reproduisant la formule cadre complétée par

---

(A) Les quatre parties ont été imprimées en cahiers distincts, de manière qu'on puisse les séparer par la simple rupture du fil qui les relie et se servir isolément de chacune d'elles à volonté.

les énonciations relatives à tous les autres cas possibles qu'elle avait indiqués seulement par des numéros.

Quoique les formules d'actes, non compris les actes de transcription, ne soient qu'au nombre de neuf, savoir : 1° acte de naissance, — 2° acte de présentation d'enfant trouvé, — 3° acte de reconnaissance d'enfant naturel, — 4° acte de première publication de mariage, — 5° acte de seconde publication de mariage, — 6° acte de mariage, formule cadre, — 7° acte de mariage, formule universelle, — 8° acte de présentation d'enfant sans vie nouveau-né, — 9° acte de décès, le Formulaire est composé de 101 numéros. Il contient les modèles de tous les certificats, procès-verbaux, états et autres documents qui se rattachent à l'état civil et dont le praticien de l'état civil aura l'occasion de faire usage, conformément aux dispositions législatives ou administratives exposées dans les articles numérotés de la *Science*, auxquels correspondent les numéros mis en marge de ces formules.

Un de ces documents n'est pas, à proprement parler, une formule. Il a pour titre : « Note répertoire de l'officier de l'état civil, relative au mariage projeté, énonçant les renseignements, justifications, formalités et pièces nécessaires pour les publications et la célébration du mariage. » Il résume, dans un texte imprimé, les diverses situations qui donnent lieu à des formalités ou justifications particulières, et il est disposé de manière à indiquer d'un mot ou d'un signe les pièces à produire par les futurs époux, en rapport avec celle de ces situations qui leur est applicable. Il a pour effet d'assurer la bonne direction des formalités préparatoires à la célébration du mariage, la production de toutes les pièces nécessaires, la régularité de ces pièces et la rédaction irréprochable de l'acte de mariage. A cause de la sécurité qu'il donne à l'officier de l'état civil, quant aux responsabilités qui lui incombent pour un acte si important et qui présente tant de cas difficiles, il avait une place réservée dans ce recueil pratique.

En tête de chacune des quatre parties du *Formulaire* est placé l'index des formules qui composent cette partie.

La reproduction faite ci-après du texte de ces quatre index fera connaître immédiatement l'ensemble de l'ouvrage.

INDEX GÉNÉRAL

DES QUATRE PARTIES DE L'OUVRAGE

PREMIÈRE PARTIE

Formules se rapportant aux formalités communes à tous les registres, à tous les actes, à toutes les expéditions d'actes et à la perception des droits d'expédition.

1. Arrêté portant délégation par le Maire des fonctions d'officier de l'état civil à un Adjoint ou à un Conseiller municipal (1).
2. Procès-verbal de cote et paraphe des registres de l'état civil.
3. Clôture des registres de l'état civil à la fin de l'année.
4. Clôture des registres courants de l'état civil quand la justice en a prescrit l'apport au greffe ou tribunal.
5. Table annuelle des actes de naissance.
6. Table annuelle des actes de mariage.
7. Table annuelle des actes de décès.
8. Table annuelle des actes de publications de mariage.
9. Bordereau des pièces annexées au registre.
10. Récépissé des registres et pièces déposés au greffe du tribunal.
11. Avis au procureur de la République du dépôt fait, au greffe, des registres de l'état civi et des pièces y annexées.
12. Réquisition par les parties pour faire transcrire et mentionner un jugement de rectification.
13. Acte de transcription d'un acte transmis par un fonctionnaire public.
14. Acte de transcription d'un acte ou d'un jugement à la requête des parties intéressées.
15. Mention d'un jugement de rectification transcrit sur les registres de la commune.
16. Copie d'une mention de jugement de rectification à transcrire sur le double registre déposé au greffe du tribunal de première instance.
17. Lettre au procureur de la République, lui transmettant copie d'une mention de jugement de rectification pour la faire transcrire sur le double registre déposé au greffe du tribunal.
18. Expédition (sur papier timbré) d'un acte inscrit sur les registres de l'état civil de la commune.
19. Expédition d'un acte de l'état civil exempte du droit de timbre à cause de sa destination.
20. Expédition d'une pièce annexée à l'un des registres de l'état civil de l'année courante.
21. État des droits perçus pour expéditions d'actes de l'état civil et d'actes administratifs délivrées pendant le   trimestre.
22. Bordereau des expéditions d'actes de l'état civil d'étrangers, inscrits sur les registres pendant le   trimestre 18   , adressées à la sous-préfecture pour l'exécution des conventions internationales relatives à la communication réciproque des actes de l'état civil.

---

(1) La formule 1 n'est pas applicable dans les mairies de Paris, à cause de la législation particulière à la ville de Paris.

---

(1) (2) (3) Des trois formules 25, 26 et 27, la 27ᵉ est la seule applicable dans les mairies de Paris, à cause de la législation particulière à la ville de Paris.

FORMULAIRE

DU

PRATICIEN DE L'ÉTAT CIVIL

PREMIÈRE PARTIE

Formules se rapportant aux formalités communes à tous les registres, à tous les actes, à toutes les expéditions d'actes et à la perception des droits d'expédition.

INDEX DES FORMULES SUIVANT LEUR RANG DE NUMÉROS

. (1) La formule 1 n'est pas applicable dans les mairies de Paris, à cause de la législation particulière à la ville de Paris.

22. Bordereau des expéditions d'actes de l'état civil d'étrangers, inscrits sur les registres pendant le   trimestre 18   , adressées à la sous-préfecture pour l'exécution des conventions internationales relatives à la communication réciproque des actes de l'état civil.

N. B. — Pour faciliter la lecture et l'intelligence du sens des formules d'actes, il a été ménagé dans ces formules des alinéas et des blancs.

On ne devra jamais perdre de vue qu'il faut ne laisser ni alinéas ni blancs dans les actes pour se conformer aux prescriptions légales rappelées au n° 43 de *la Science du praticien de l'état civil.*

<table>
<tr><td>OBJET.
—</td><td>N^{os} DE
la Science
—</td><td>Formules correspondant, pour le texte, aux numéros de la Science du praticien de l'état civil, 1re partie.</td></tr>
</table>

Arrêté portant délégation, par le Maire, des fonctions d'officier d'état civil à un Adjoint (ou à un Conseiller municipal).	6	**FORMULE 1** —

Nous, Maire de la commune de   .

Vu l'article 13 de la loi du 28 pluviôse an VIII et l'article 82 de la loi du 5 avril 1884,

Arrêtons :

M   (*prénoms, nom*), premier (*ou deuxième*) Adjoint au Maire de la commune de   , est délégué pour exercer, en notre lieu et place, les fonctions d'officier de l'état civil de ladite commune.

Fait à   , le   mil huit cent

Le Maire,

OBSERVATIONS. — Dans le cas où la délégation serait faite à un Conseiller municipal, on ajouterait, après le visa des lois, la mention : « En raison de l'empêchement de nos deux adjoints (ou de notre adjoint) » et, à la suite du nom de la personne déléguée, on substituerait la qualification de « Membre du Conseil municipal » à celle de premier (ou deuxième) Adjoint.

Pour chacun des six arrondissements de la ville de Lyon, la délégation faite, non en vertu de l'article 82 de la loi du 5 avril 1884, mais en vertu de l'article 73 de cette loi, comprend deux adjoints qui agissent alors concurremment en leur nom, au lieu d'agir au lieu et place du maire, lequel, à Lyon, ne peut que déléguer les fonctions d'officier de l'état civil sans les exercer jamais.

Cote et paraphe des registres avant leur emploi.	22 et 23	**FORMULE 2** —

Le présent registre (1), contenant   feuillets, a été coté par premier et dernier et paraphé sur chaque feuillet par nous   (2)   Tribunal civil de première instance, séant à   , en conformité de l'article 41 du Code civil, pour servir à l'inscription des actes de   (3)   dans la commune de   , pendant l'année mil huit cent quatre-vingt   .

Fait à   , le   mil huit cent quatre-vingt   .

---

(1) On ajoute ici le mot *supplémentaire* lorsqu'il y a eu déjà un registre employé dans l'année.
(2) Ce blanc est rempli au Palais de justice par les mots *président du,* ou par ceux de *juge au.*
(3) Naissances, (ou) Publications de mariage, (ou) Mariage, (ou) Décès.

OBJET.	N°ˢ DE la Science	Formules correspondant, pour le texte, aux numéros de *la Science du praticien de l'état civil*, 1ʳᵉ partie.

Clôture des registres à la fin de l'année, ou avant s'ils sont déjà entièrement remplis. — 25

FORMULE 3

Le présent registre de (*naissances, publications de mariage, mariages ou décès*), contenant (*nombre en lettres*) actes, numérotés de à , a été clos et arrêté par nous (*prénoms et nom*), Maire, officier de l'état civil de la commune de , ce jourd'hui (*date en toutes lettres*) mil huit cent quatre-vingt .

Clôture des registres courants, en cas de décision judiciaire prescrivant de les produire au tribunal. — 26

FORMULE 4

Le présent registre de (*naissances, publications de mariage, mariages ou décès*), contenant (*nombre en toutes lettres*) actes, numérotés de à , a été clos et arrêté par nous (*prénoms et nom*), Maire, officier de l'état civil de la commune de , sur le vu de la signification qui nous a été faite par exploit de (*nom*), huissier à (*lieu*), en date du (*en toutes lettres*), d'un jugement rendu par le Tribunal civil de première instance de (*ou d'un arrêt de la Cour d'appel de , ou d'une ordonnance rendue par M. , juge d'instruction près le Tribunal de première instance de*), le (*date en toutes lettres*), prescrivant l'apport de ce registre au greffe dudit tribunal (*ou de ladite Cour*).

A , le mil huit cent quatre-vingt (*date en toutes lettres*).

Table des actes de naissance. — 28 (A, B, C, E, F.)

FORMULE 5

NOMS ET PRÉNOMS DES NOUVEAU-NÉS	DATES DES ACTES	NUMÉROS DES ACTES

La présente table est certifiée exacte par nous (*prénoms et nom*), Maire de la commune de , qui l'avons dressée.

A , le mil huit cent (*date en toutes lettres*).

OBJET.	Nᵒˢ DE la Science	Formules correspondant, pour le texte, aux numéros de *la Science du praticien de l'état civil*, 1ʳᵉ partie.

Table des actes de mariage. — 28 (A, B, C, E, F).

FORMULE 6

NOMS ET PRÉNOMS DE CHACUN DES ÉPOUX	DATES DES ACTES	NUMÉROS DES ACTES

La présente table est certifiée exacte par nous (*prénoms et nom*), Maire de la commune de , qui l'avons dressée.

A , le mil huit cent (*date en toutes lettres*).

Table des actes de décès. — 28 (A, B, C, E, F).

FORMULE 7

NOMS ET PRÉNOMS DES DÉCÉDÉS	DATES DES ACTES	NUMÉROS DES ACTES

La présente table est certifiée exacte par nous (*prénoms et nom*), Maire de la commune de , qui l'avons dressée.

A , le mil huit cent (*date en toutes lettres*).

Table des actes de publications de mariage. — 28 (A, D, E)

FORMULE 8

MOMS ET PRÉNOMS DE CHACUN DES FUTURS ÉPOUX	DATES DES ACTES	NUMÉROS DES ACTES

La présente table est certifiée exacte par nous (*prénoms et nom*), Maire de la commune de , qui l'avons dressée.

A , le mil huit cent (*date en toutes lettres*).

<table>
<tr><td>ONJET.
—</td><td>N^{os} DE
la Science
—</td><td>Formules correspondant, pour le texte, aux numéros de la Science du praticien
de l'état civil, 1re partie.</td></tr>
</table>

Bordereau des pièces annexées au registre. 29 (D).

FORMULE 9

—

Bordereau des pièces annexées au registre des actes de.....
de la commune de   , pour l'année 18   .

NUMÉROS DES ACTES	NUMÉROS DES PIÈCES

Nombre total de pièces (comprises dans dossiers.)......................

Certifié exact.

A   , le   18   .

Le Maire,

Récépissé des registres et pièces déposés au greffe du Tribunal. 20 (F)

FORMULE 10

—

Je soussigné, greffier du Tribunal civil de première instance, séant à   .

Reconnais que M. le Maire de   a déposé aujourd'hui au greffe de ce Tribunal les registres et documents concernant sa commune, désignés ci-après, savoir :

    registre de naissances de 18   ,
    registre de publications de mariage de 18   ,
    registre de mariages de 18   ,
    registre de décès de 18   ,
    liasses de pièces annexées au registre de naissances,
    liasses de pièces annexées au registre de publications,
    liasses de pièces annexées au registre de mariages,
    liasses de pièces annexées au registre de décès,

Un registre de publications du tableau de recensement de la classe 18   .

A   le   18   .

Le Greffier,

Avis au Procureur de la République du dépôt fait, au greffe, des registres d'état civil et des pièces y annexées.

29°(G).

FORMULE 11

—

N   , le   18   .

Monsieur le Procureur de la République,

J'ai l'honneur de vous informer que, conformément à l'article 43 du Code civil et à l'article 10 de la loi du 15 juillet 1889 sur le recrutement, j'ai fait déposer, aujourd'hui, au greffe du Tribunal de première instance de   , les registres et documents concernant ma commune, désignés ci-après :

(*Reproduire le texte mis dans le récépissé, formule n° 9.*)

Veuillez agréer, Monsieur le Procureur de la République, l'assurance de ma respectueuse considération.

Le Maire,

Réquisition des parties pour faire transcrire et mentionner un jugement de rectification.

56 et 57

FORMULE 12

—

A Monsieur le Maire de la commune de   .

N   , le   18....

Le soussigné (*prénoms, nom, profession et domicile*).

En vertu des articles 49 et 101 du Code civil,

Requiert Monsieur le Maire de la commune de   de vouloir bien transcrire sur les registres de l'état civil de sa commune le jugement, en date du   , dont l'expédition est ci-jointe, par lequel le Tribunal de première instance, séant à   , a ordonné une rectification à l'acte de   (*naissance, mariage, décès*) de   (*prénoms et nom*), inscrits sur lesdits registres à la date du   , et de mentionner cette rectification en marge dudit acte.

Le soussigné assure Monsieur le Maire de sa respectueuse considération.

(*Signature.*)

<table>
<tr><td>OBJET.</td><td>N^{os} DE
la Science</td><td>Formules correspondant, pour le texte, aux numéros de la Science du praticien
de l'état civil, 1re partie.</td></tr>
</table>

OBJET.	Nᵒˢ DE la Science	
Acte de transcription d'un acte transmis par un fonctionnaire public (A).	56 (alin. 1 à 6).	
Date et heure de l'acte.	34	
Prénoms et nom de l'officier d'état civil.	36	
Qualité de l'officier d'état civil.	6-36	

FORMULE 13

—

Le   mil huit cent quatre-vingt   , à   heure du   .

Nous,

Si c'est le Maire qui dresse l'acte : Maire, officier de l'état civil de la commune de   , canton de   , arrondissement de   , département de   .

En cas de délégation donnée par le Maire à un Adjoint : Adjoint au Maire de la commune de   , canton de   , arrondissement de   , département de   , remplissant, par suite d'un arrêté de délégation du Maire, en date du   , les fonctions d'officier de l'état civil de ladite commune (1).

En cas de délégation donnée par le Maire à un Conseiller municipal : Conseiller municipal de la commune de   , canton de   , arrondissement de   , département de   , remplissant, en l'absence (*ou en l'empêchement*) des Adjoints (*ou de l'Adjoint*) et en vertu d'une délégation spéciale du Maire, en date du   , les fonctions d'officier de l'état civil de ladite commune.

En cas d'absence ou d'empêchement du Maire, sans délégation : (*s'il y a lieu* Premier *ou* Deuxième) Adjoint au Maire, remplissant, par suite d'absence (*ou d'empêchement*) du Maire (*s'il y a lieu, et du premier Adjoint*) les fonctions d'officier de l'état civil de la commune de   , canton de   , arrondissement de   , département de   .

En cas d'absence ou d'empêchement du Maire et des Adjoints, sans délégation : Conseiller municipal de la commune de   , canton de   , arrondissement de   , département de   , remplissant, par suite de l'absence et de l'empêchement du Maire, des Adjoints et des Conseillers les premiers inscrits au tableau des Conseillers municipaux, les fonctions d'officier de l'état civil de ladite commune.

En cas où une Commission spéciale remplace un Conseil municipal dissous ou dont tous les membres sont démissionnaires : Président (*ou Vice-Président en l'absence ou en l'empêchement du Président*) de la Commission spéciale nommée par décret du   mil huit cent   , remplissant les fonctions de Maire, officier de l'état civil de la commune de   , canton de   , arrondissement de   , département de   .

En cas où l'acte est dressé par l'Adjoint spécialement nommé pour recevoir les actes d'état civil dans la fraction de commune qu'il habite : Adjoint spécial chargé de remplir les fonctions d'officier de l'état civil dans la section dite   , dépendant

---

(A) Voyez le *nota bene* qui suit l'Index placé en tête des formules de cette première partie.
(1) Cette partie de formule qui s'applique à toutes les communes de France, à l'exception de Paris, est la seule qui soit applicable à Lyon, sauf à substituer aux mots « commune de » ceux de « premier ou second, etc., arrondissement de la ville de... ».

OBJET.	N°ˢ DE la Science	Formules correspondant, pour le texte, aux numéros de *la Science du praticien de l'état civil*, 1ʳᵉ partie.
		de la commune de , canton de , arrondissement de , département de .
		Si c'est un Adjoint qui dresse l'acte dans un des arrondissements de Paris : Adjoint au Maire, officier de l'état civil du arrondissement de la ville de Paris.
Titres honorifiques de l'officier de l'état civil s'il y a lieu.	38	A la suite de la transmission qui nous a été faite par le (*indiquer le fonctionnaire par sa qualité et sa résidence*) dans une lettre en date du , de l'acte de (*naissance, mariage, décès*) de (*prénoms et nom du nouveau-né, du décédé, ou noms des nouveaux époux*), à nous parvenu aujourd'hui, avons transcrit, sur le présent registre, ledit acte dont la teneur suit :
		(*Copier le texte entier de l'acte, y compris les mentions mises en tête et à la fin, en rapportant les signatures qui y sont apposées*).
lieu où l'acte est dressé.	35	De laquelle transcription nous avons en la maison commune (*ou si l'acte est dressé par l'Adjoint spécial de la section :* en notre maison d'habitation), dressé le
Signature de l'acte.	45	présent acte que nous avons signé
Paraphe et annexe de la pièce transcrite.	42	Après y avoir annexé l'acte transcrit et la lettre d'envoi préalablement paraphés par nous.

OBJET.	N°ˢ DE la Science	
Acte de transcription d'un acte ou d'un jugement, à la requête des parties intéressées (A).	56 (alin. 7 à 16).	**FORMULE 14** —
Date et heure de l'acte.	34	Le mil huit cent , à heure du .
Prénoms et nom de l'officier d'état civil.	36	Nous,
Qualité de l'officier d'état civil.	6 et 36	*Si c'est le Maire qui dresse l'acte :* Maire, officier de l'état-civil de la commune de , canton de , arrondissement de , département de .
		(*Si ce n'est pas le Maire qui dresse l'acte se conformer aux indications données, suivant le cas, dans la formule* 13).
Titres honorifiques de l'officier d'état civil, s'il y a lieu.	38	A la suite de la réquisition à nous faite par (*prénoms, nom, âge, profession et domicile*) — *soit :* qui s'est présenté devant nous à cet effet, — *soit :* laquelle réquisition, écrite sur papier timbré et paraphée par nous, demeurera ci-annexée, — *soit :* laquelle réquisition faite par exploit de , huissier

---

(A) Voyez le *nota bene* qui suit l'Index placé en tête des formules de cette première partie.

OBJET.	Nᵒˢ DE la Science	Formules correspondant pour le texte aux numéros de *la Science du praticien de l'état civil,* 1ʳᵉ partie.

à   , en date de ce jour, demeurera ci-annexée, après avoir été paraphée par nous.

Énoncé des pièces qui rendent le jugement exécutoire. — 49

(S'il s'agit de la transcription d'un jugement rendu dans une cause ayant eu un contradicteur, ajouter : et sur la production à nous faite : 1° d'un certificat de maître   , avoué de la partie poursuivante, constatant que le jugement ci-après énoncé a été signifié au domicile de l'autre partie le   ; 2° d'un certificat du greffier du Tribunal civil de première instance de constatant qu'il n'existe contre le jugement ni opposition ni appel).

Avons, immédiatement après réception, transcrit sur le présent registre l'acte (*ou jugement*) dont la teneur suit, — *soit :* à nous remis par le requérant, — *soit :* joint à ladite réquisition.

(Copier le texte entier de l'acte ou du jugement, y compris les mentions mises en tête et à la fin, et en rapportant les signatures qui y sont apposées.)

Lieu où l'acte est dressé. — 35
Paraphe et annexe des pièces

De laquelle transcription nous avons, en la maison commune, dressé le présent acte que nous avons signé, après y avoir annexé l'acte (*ou le jugement*) transcrit, ainsi que les autres pièces ci-dessus énoncées, tous préalablement paraphés par nous, — *si le requérant est présent, ajouter :* et par le requérant, auquel nous

Lecture et signature de l'acte — 45

avons donné lecture dudit acte de transcription et qui l'a signé avec nous (*ou qui a déclaré ne savoir signer ou ne pouvoir signer à cause d'un accident paralysant en ce moment sa main droite).*

Mention d'un jugement de rectification transcrit sur les registres de la commune (A). — 55, 58 et 59

FORMULE 15

RECTIFICATION. — Par jugement du Tribunal civil de première instance de   , en date du   mil huit cent transcrit aujourd'hui sur le registre des actes de   (*naissances, mariages, décès*) de   (*nom de la commune*), et dont l'expédition est demeurée annexée audit registre, le Tribunal a ordonné que l'acte ci-contre sera modifié en ce sens que ..... doit être.....

La présente mention faite ce   mil huit cent   , par nous   (*nom*), maire de la commune de   .

N. B. — Pour l'envoi d'une copie de la présente mention au procureur de la République, voyez les formules 16 et 17.

---

(1) Voyez le *nota bene* qui suit l'Index placé en tête des formules de cette première partie.

<table>
<tr><td>OBJET.
—</td><td>N^{os} DE
la Science
—</td><td>Formules correspondant, pour le texte, aux numéros de la Science du praticien
de l'état civil, 1re partie.</td></tr>
</table>

Copie d'une mention de jugement de rectification à transcrire sur le double registre déposé au greffe du Tribunal de première instance.	58

FORMULE 16

—

ÉTAT CIVIL.

MENTION faite en marge de l'acte de   (*naissance, mariage ou décès*), de   (*prénoms et nom du nouveau-né, des époux ou du décédé*), inscrit sur les registres de la commune de   , le   (*date de l'acte en marge duquel la mention est faite*).

(*Copier le texte de la mention faite, d'après la formule* 15 *ci-dessus.*)

(*Signature identique à celle de la mention.*)

Lettre au Procureur de la République, lui transmettant copie d'une mention de jugement de rectification pour la faire transcrire sur le double registre déposé au greffe du Tribunal.	58

FORMULE 17

—

N   , le   18 .

Monsieur le Procureur de la République,

J'ai l'honneur de vous adresser ci-joint, pour être transcrite sur le double registre déposé au greffe du Tribunal civil de   , conformément à l'article 49 du Code civil, copie de la mention que j'ai faite aujourd'hui en marge de l'acte de (*naissance, mariage, ou décès*) de   (*prénoms et nom du nouveau-né, des époux ou du décédé*), inscrit sur les registres de l'état civil de ma commune le   .

Veuillez agréer, Monsieur le Procureur de la République, l'assurance de ma respectueuse considération.

Le Maire,

Expédition (sur papier timbré) d'un acte inscrit sur les registres de l'état civil de la commune.	66

FORMULE 18

—

Département de   ,
Arrondissement de   ,
Canton de   ,
Commune de   .

EXTRAIT du registre des actes de   (*naissances, mariages, décès*) de la commune de   , pour l'année   18 .

(*Copier l'acte en entier, en rapportant toutes les signatures qui le terminent*).

S'il y a des mentions en marge, mettre à la suite de l'indication des signatures : En marge est écrit :   . (*transcrire ces mentions dans l'ordre de leurs dates et rapporter les signatures mises au pied*).

Terminer l'expédition par le libellé suivant :

Pour copie certifiée conforme au registre par nous, (*nom*), maire de la commune de   , ce   , mil huit cent quatre-vingt   .

Le Maire,

<table>
<tr><td>OBJET.</td><td>N^{os} DE
la Science</td><td>Formules correspondant, pour le texte, aux numéros de la Science du praticien de l'état civil, 1re partie.</td></tr>
</table>

OBJET.	N^{os} DE la Science	Formules correspondant, pour le texte, aux numéros de *la Science du praticien de l'état civil*, 1re partie.

Expédition d'un acte de l'état civil exempte du droit de timbre à cause de sa destination. — 66 et 81

FORMULE 19

—

Département de   ,
Arrondissement de   . ,
Canton de   ,
Commune de   .

EXTRAIT du registre des actes de   (*naissances, mariages ou décès*) de la commune de   , pour l'année 18   , délivré pour   (*indiquer la destination par suite de laquelle l'extrait est exempté du timbre*).

Copier l'acte en entier, en rapportant toutes les signatures qui le terminent.

S'il y a des mentions en marge, mettre à la suite de l'indication des signatures : En marge est écrit :   (*transcrire ces mentions dans l'ordre de leurs dates et rapporter les signatures mises au pied*).

Terminer l'expédition par le libellé suivant :

Pour copie certifiée conforme au registre par nous, (*nom*), Maire de la commune de   , ce   , mil huit cent   .

            Le Maire,

Expédition d'une pièce annexée à l'un des registres de l'état civil de l'année courante. — 65 et 66

FORMULE 20

—

Département de   ,
Arrondisssement de   ,
Canton de   ,
Commune de   .

EXTRAIT des pièces annexées au registre de   (*naissances, mariages ou décès*) de la commune de   , pour l'année 18   .

Copier en entier la pièce dont il s'agit, en rapportant les mentions et signatures dont elle est revêtue.

Terminer l'expédition par le libellé suivant :

Pour copie délivrée par nous   (*nom*), maire, et certifiée conforme à   (*l'original s'il s'agit d'un acte notarié délivré en brevet, ou à la copie*) annexé à l'acte de   (*naissance, reconnaissance d'enfant naturel, mariage ou transcription de jugement*) concernant le sieur   , dressé à la mairie de   , le   mil huit cent   .

     A   , le   mil huit cent   .

            Le Maire,

État des droits perçus
pour expéditions d'actes de l'état civil et d'actes administratifs délivrées pendant le   trimestre.

7

FORMULE 21

—

Département de   ,
Arrondissement de   ,
Canton de   ,
Commune de   .

ÉTAT DES DROITS PERÇUS pour expéditions d'actes de l'état civil et d'actes administratifs, délivrées par la mairie de   ,
pendant le   trimestre 18   .

Nᵒˢ d'ordre.	DATE de la DÉLIVRANCE	NATURE de L'ACTE	PARTIE nommée dans L'ACTE	NOMBRE PAR ESPÈCE				TAUX	DROITS PERÇUS
				Actes administratifs.	Loi du 10 décembre 1850.	Naissances.	Mariages, Divorces, Adoptions. / Décès.		
TOTAUX...........................									
RÉCAPITULATION	Actes administratifs..								
	Loi du 10 déc. 1850...								
	Naissances..........								
	Mariages , Divorces , Adoptions..........								
	Décès..............								
ENSEMBLE DES DROITS PERÇUS...........................									

Le présent état montant à la somme de   (en *toutes lettres*) est certifié conforme au registre.

N   , le   18   .

Le Maire,

OBJET.	Nᵒˢ DE la Science	Formules correspondant, pour le texte, aux numéros de *la Science du praticien de l'état civil*, 1ʳᵉ partie.

Bordereau des expéditions d'actes de l'état civil d'étrangers adressées à la sous-préfecture pour l'exécution des conventions internationales relatives à la communication réciproque des actes de l'état civil.

69, 147 280, 831

FORMULE 22

—

DÉPARTEMENT de   COMMUNE de….   ARRONDISSEMENT de

Bordereau des expéditions d'actes de l'état civil d'étrangers (1) inscrits sur les registres pendant le   trimestre 18   .

Adressées à la sous-préfecture de   pour l'exécution des conventions internationales relatives à la communication réciproque des actes de l'état civil.

Nᵒˢ du registre.	NOMS ET PRÉNOMS des parties (2)	DATES DES ACTES				LIEU D'ORIGINE (4)	OBSERVATIONS
		Nais-sances.	Recon-nais-sances.	Mariages (3)	Décès		

Dressé et certifié exact par nous, Maire,

A   , le   18   .

Le Maire,

(1) Sujets de l'Italie, de la Belgique, du grand-duché de Luxembourg, de la principauté de Monaco.
(2) Lorsqu'il s'agit d'un acte de mariage, prendre deux lignes et indiquer les noms des deux époux.
(3) Lorsque l'acte de mariage contient légitimation, mentionner le fait dans la colonne d'observations.
(4) Indiquer autant que possible :

Pour les actes de naissance, le lieu d'origine ou dernier domicile des père et mère à l'étranger.
Pour les actes de reconnaissance, les indications ci-dessus, plus celle du lieu de naissance de l'enfant.
Pour les actes de mariage, le lieu de naissance ou le dernier domicile, soit du conjoint, soit de ses père et mère.
Pour les actes de décès, le lieu de naissance ou le dernier domicile, à l'étranger, de la personne décédée.

N. B. — La présente formule est reproduite par les formules nᵒˢ 40, 70 et 96.

FORMULAIRE

DU

PRATICIEN DE L'ÉTAT CIVIL

DEUXIÈME PARTIE

Formules applicables aux naissances, aux expositions d'enfants trouvés, aux reconnaissances d'enfants naturels, aux actes supplétifs d'adoption et à certaines expéditions de quelques-uns de ces actes.

INDEX DE CES FORMULES SUIVANT LEUR RANG DE NUMÉROS

(Les numéros font suite à ceux de la 1ʳᵉ partie).

23. Certificat d'accouchement.
24. Acte de naissance.
25. Procès-verbal constatant l'exposition d'un enfant trouvé inconnu, déclarée à l'officier de l'état civil (1);
26. Acte de transcription sur le registre des naissances, du procès-verbal dressé par l'officier d'état civil constatant l'exposition d'un enfant trouvé inconnu (2).
27. Acte de la présentation d'un enfant trouvé inconnu dont l'exposition a été constatée par un officier de police judiciaire autre que l'officier d'état civil (3).
28. Acte de la reconnaissance d'un enfant naturel faite par les père et mère ou par l'un d'eux.
29. Réquisition des parties pour mentionner une reconnaissance d'enfant naturel faite devant le maire de la même commune.
30. Réquisition des parties pour mentionner une reconnaissance d'enfant naturel faite devant le maire d'une autre commune ou devant notaire.
31. Acte de transcription d'un acte de reconnaissance d'enfant naturel.
32. Mention de l'acte d'une reconnaissance d'enfant naturel faite devant le maire de la même commune et dont l'expédition n'a pas été levée.
33. Mention d'une reconnaissance d'enfant naturel faite devant le maire de la même commune par un acte dont l'expédition a été levée et enregistrée.
34. Mention d'une reconnaissance d'enfant naturel faite par acte dressé devant le maire d'une autre commune.
35. Mention d'une reconnaissance d'enfant naturel faite par acte notarié.
36. Réquisition des parties pour transcription d'acte d'adoption.
37. Acte de transcription d'acte et d'arrêt d'adoption.

(1) (2) (3) Des trois formules 25, 26, 27, la 27ᵉ est la seule applicable dans les mairies de Paris, à cause de la législation particulière à la ville de Paris.

2*

16

38. Réquisition des parties pour mentionner une adoption.
39. Mention d'adoption.
40. Bordereau des expéditions d'actes de l'état civil d'étrangers inscrits sur les registres pendant le ... trimestre 18 , adressées à la sous-préfecture pour l'exécution des conventions internationales relatives à la communication réciproque des actes de l'état civil.
41. Bulletin de naissance délivré en exécution de la loi du 23 décembre 1874, sur la protection de l'enfance du premier âge.
42. Certificat médical délivré à une nourrice, sevreuse ou gardeuse.
43. Avis de la déclaration du placement d'un enfant en nourrice, en sevrage ou en garde, faite à la mairie par les parents.
44. Avis de déclaration faite à la mairie par la nourrice, sevreuse ou gardeuse, concernant l'enfant qui lui a été confié.
45. Bulletin de visite transmis par un membre de la commission locale de protection de l'enfance du premier âge, au maire, président de cette commission.

N. B. — Pour faciliter la lecture et l'intelligence du sens des formules d'actes, il a été ménagé dans ces formules des alinéas et des blancs.

On ne devra jamais perdre de vue qu'il faut ne laisser ni alinéas ni blancs dans les actes pour se conformer aux prescriptions légales rappelées au n° 43 de *la Science du praticien de l'état civil.*

OBJET.	N^{os} DE la Science	Formules correspondant, pour le texte, aux numéros de *la Science du praticien de l'état civil*, 2e partie.

Certificat d'accouche-ment. — 109

FORMULE 23

COMMUNE DE....

CERTIFICAT D'ACCOUCHEMENT.

Je, soussigné,   (*médecin*, ou *sage-femme*), demeurant à   , certifie qu'en ma présence, Madame   (*prénoms et nom de famille de la mère*), âgée de   ans, profession de   , épouse de M.   (*prénoms et nom*), âgé de   ans, profession de   , est accouchée en son domicile (*ou au domicile de M.*   ) à N   , rue   , n°   , d'un enfant du sexe   , le   à   heure du   .

        Signature.

Acte de naissance (A).

FORMULE 24

Date, mois, année et heure où l'acte est dressé.	99
Prénoms donnés à l'enfant.	100
Son nom de famille, si le nouveau-né est enfant légitime ou enfant naturel reconnu par son père.	101
Sexe de l'enfant.	102
Date et heure de la naissance.	103
Lieu de la naissance.	104
Si l'enfant est *posthume*, le dire.	105
Si l'enfant est *jumeau*, le dire.	106
Filiation de l'enfant, suivant qu'il est : A. Enfant légitime.	107
B. Enfant naturel reconnu par son père, la mère désignée.	
C. Enfant naturel reconnu par son père, la mère non désignée.	

Du   mil huit cent quatre-vingt   , à   heure d   .

Acte de naissance de

du sexe

né le   , à   heure du   ,

à N   , rue   , n°   ,

enfant

posthume (*a*).

jumeau premier né (*ou* deuxième né)

de

(*prénoms, nom, profession, âge du père* — (*b*) et de   *prénoms, nom, profession, âge de la mère*), son épouse, demeurant ensemble à l'adresse ci-dessus indiquée (*ou à   , rue   , n   ).

(*prénoms, nom, profession, âge et domicile du père ; — s'il est présent, dire :* lequel déclare s'en reconnaître le père ; — *s'il est représenté par un mandataire, dire :* lequel s'en est reconnu le père, aux termes de la procuration ci-après énoncée), — et de... (*prénoms, nom, profession, âge et domicile de la mère*), non mariés.

(*prénoms, nom, profession, âge et domicile du père ; — s'il est présent, dire :* lequel déclare s'en reconnaître le père ; — *s'il est représenté par un mandataire, dire :* lequel s'en est reconnu le père, aux termes de la procuration ci-après énoncée), et de mère non désignée.

(A) Voyez le *nota bene* qui suit l'Index placé en tête des formules de cette deuxième partie.
(*a*) (*b*) Lorsqu'il s'agira de la naissance d'un enfant légitime posthume on remplacera l'indication de l'âge du père par l'indication du lieu et de la date de son décès.

<table>
<tr><td align="center">OBJET.
—</td><td align="center">N^{os} DE
la Science
—</td><td>Formules correspondant, pour le texte, aux numéros de la Science du praticien de l'état civil, 2e partie.</td></tr>
</table>

OBJET.	N^{os} DE la Science	Formules correspondant, pour le texte, aux numéros de *la Science du praticien de l'état civil*, 2e partie.
Acte de naissance (formule 24, — *suite*) (A).		
D. Enfant naturel non reconnu, sa mère désignée.		*(prénoms, nom, profession, âge et domicile de la mère)*, non mariée.
E. Enfant naturel non reconnu, la mère non désignée.		père et mère non désignés.
Prénoms et nom de l'officier d'état civil.	36	Dressé par nous...
Qualité de l'officier d'état civil.	6, 11, 36	*Si c'est le maire qui dresse l'acte :* Maire, officier de l'état civil de la commune de , canton de , arrondissemen de , département de ,

En cas de délégation donnée par le maire à un adjoint : Adjoint au maire de la commune de , canton de , arrondissement de , département de , remplissant, par suite d'un arrêté de délégation du maire en date du , les fonctions d'officier de l'état civil de ladite commune (a),

En cas de délégation donnée par le maire à un conseiller municipal : Conseiller municipal de la commune de , canton de , arrondissement de , département de , remplissant en l'absence (*ou* en l'empêchement) des adjoints (*ou* de l'adjoint), et en vertu d'une délégation spéciale du maire en date du , les fonctions d'officier de l'état civil de ladite commune,

En cas d'absence ou d'empêchement du maire, sans délégation : (*s'il y a lieu :* premier ou second) Adjoint au maire, remplissant, par suite d'absence (*ou* d'empêchement) du maire (*s'il y a lieu :* et du premier adjoint), les fonctions d'officier de l'état civil de la commune de , canton de , arrondissement de , département de ,

En cas d'absence ou d'empêchement du maire et des adjoints, sans délégation : Conseiller municipal de la commune de , canton de , arrondissement de , département de , remplissant par suite de l'absence et de l'empêchement du maire, des adjoints et des conseillers les premiers inscrits au tableau des conseillers municipaux, les fonctions d'officier de l'état civil de ladite commune,

En cas où une commission spéciale remplace un conseil municipal dissous ou dont tous les membres sont démissionnaires : président (*ou* vice-président, en l'absence du président) de la commission spéciale nommée par décret du , remplissant les fonctions de maire, officier de l'état civil de la commune de , canton de , arrondissement de , département de ,

En cas où l'acte est dressé par l'adjoint spécialement nommé pour recevoir les actes d'état civil dans la fraction de commune qu'il habite : Adjoint spécial, chargé de remplir les fonctions d'officier de l'état civil dans la section dite , dépendant de la commune de , canton de , arrondissement de , département de ,

Si c'est un adjoint qui dresse l'acte dans un des arrondissements de Paris : Adjoint au maire, officier de l'état civil du arrondissement de la ville de Paris.

(A) Voyez le *nota bene* qui suit l'Index placé en tête des formules de cette deuxième partie.

(a) Cette partie de formule, qui s'applique à toutes les communes de France à l'exception de Paris, est la seule qui soit applicable à Lyon, sauf à substituer aux mots « commune de » ceux de « premier ou second, etc., arrondissement de la ville de ».

OBJET.	N°ˢ DE la Science	Formules correspondant, pour le texte, aux numéros de *la Science du praticien de l'état civil,* 2ᵉ partie.
Acte de naissance (formule 24, — *suite*) (A).		
Titres honorifiques de l'officier de l'état civil, s'il y a lieu.	38	
Présentation de l'enfant et déclaration faites à l'officier d'état civil.	109	Sur la présentation de l'enfant et la déclaration faites
Dire, pour un enfant légitime, que la déclaration est faite en l'absence du père, quand elle n'est pas faite par lui.	110	le père absent (*b*),
Désignation de la personne qui fait la déclaration et qualité en vertu de laquelle elle agit : A. Père (cette indication supprime celle du n° 110). B. Mandataire du père (idem).	111 et 112	par le père susnommé par (*prénoms, nom, profession, âge et domicile*), agissant au nom et comme mandataire du père susnommé, en vertu d'une procuration spéciale passée devant maître , notaire à , le , laquelle produite par le déclarant, paraphée par lui et par l'officier d'état civil, est demeurée annexée au présent acte de naissance,
C. A défaut du père, lorsque la mère est accouchée chez elle,		par (*prénoms, nom, profession, âge et domicile, — soit du docteur en médecine ou en chirurgie, soit de la sage-femme, soit de l'officier de santé, soit de toute autre personne ayant assisté à l'accouchement*), lequel (*ou* laquelle) a assisté à l'accouchement,
D. A défaut du père et des personnes qui ont assisté à l'accouchement, lorsque la mère est accouchée hors de chez elle.		par (*prénoms, nom, profession, âge et domicile de la personne chez laquelle l'accouchement a eu lieu*), au domicile de qui la mère est accouchée,
Témoins présents à l'acte.	113	En présence de (*prénoms, noms, professions, âges et domiciles des deux témoins, leur degré de parenté avec le père ou la mère s'ils sont parents avec eux*).
Lecture de l'acte.	114	Après la lecture que nous avons faite du présent acte au déclarant et aux témoins
Lieu où l'acte est dressé.	115	en notre mairie (*ou, si l'acte est dressé par l'adjoint spécial de la section :* en notre domicile),
Indiquer ceux des déclarant et témoins qui ont signé avec l'officier d'état civil.	116	l'ont signé avec nous
Si quelqu'un des déclarant et témoins n'a pas signé, désigner lequel et faire connaître la cause de son empêchement.	117	
Procès-verbal constatant l'exposition d'un enfant trouvé inconnu déclarée à l'officier de l'état civil (B).	118	

FORMULE 25

L'an mil huit cent , le , à heure du

Devant nous...

OBJET.	N°ˢ DE la Science	
Date, mois, année et heure de la déclaration.	34	
Prénoms et nom de l'officier d'état civil.	36	
Qualité de l'officier d'état civil.	6, 11, 36	*Si c'est le maire qui dresse le procès-verbal :* Maire, officier de l'état civil de la commune de , canton de , arrondissement de , département de ,
		Si c'est un autre fonctionnaire, se conformer aux indications données dans la formule 23, *suivant le cas.*
Titres honorifiques de l'officier d'état civil, s'il y a lieu.	38	

(A) Voyez le *nota bene* qui suit l'Index placé en tête des formules de cette deuxième partie.

b) Les mots *le père absent* ne seront pas inscrits dans l'acte lorsque la déclaration sera faite par le père ou par son mandataire, ou lorsqu'il s'agira de la naissance d'un enfant posthume ou d'un enfant naturel non reconnu.

(B) Le procès-verbal devant être l'énoncé de faits et circonstances qui ne peuvent être prévus dans tous les détails avec certitude, on a imaginé des circonstances vraisemblables pour dresser la présente formule qui ne peut être donnée que comme un modèle à modifier suivant la situation.

<table>
<tr><td>OBJET.</td><td>N^{os} DE
la Science</td><td>Formules correspondant, pour le texte, aux numéros de la Science du praticien
de l'état civil, 2e partie.</td></tr>
</table>

Procès-verbal (form. 25,
— *suite*).

S'est présenté, en la mairie,　　(*prénoms, nom, âge, profession et domicile du déclarant*), lequel, en présence de (*prénoms, noms, âges, professions et domiciles de deux témoins du sexe masculin, âgés de 21 ans au moins, lesquels peuvent être deux des personnes qui vont figurer ci-après dans le procès-verbal*) nous a déclaré que, ce jourd'hui à　　heure du　　, étant seul *ou* en compagnie de　　(*désigner les prénoms, noms, âges, professions et domiciles de ceux qui étaient présents*), il a trouvé dans la rue *ou* au lieu dit　　(*préciser la rue, la place, le lieu où a été trouvé l'enfant*), un enfant tel qu'il nous le présente, emmailloté *ou* vêtu de　　(*détailler les vêtements*) et de linge marqué des lettres　　*ou* des chiffres　　. Après avoir visité l'enfant, nous avons reconnu qu'il était du sexe　　, qu'il paraissait âgé de　　(*désigner l'âge apparent, vérifier si l'enfant a quelques marques sur le corps, ou s'il se trouve dans ses vêtements quelque écrit ou marque destinés à le faire reconnaître ; désigner ce qu'on y a trouvé, ou exprimer qu'on n'y a rien trouvé*) (C). Les personnes désignées par le comparant, — lesquelles sont les témoins ici présents ci-dessus dénommés — *ou* lesquelles, mandées par nous se sont aussitôt rendues à la mairie, — nous ont confirmé les déclarations ci-dessus rapportées et ont déclaré, ainsi que le comparant, qu'elles n'ont vu aucune autre personne auprès de l'enfant lorsqu'elles l'ont trouvé, ne pas connaître cet enfant, ni savoir par qui il a été exposé.

Sur l'invitation que nous lui avions adressée, s'est également rendue à la mairie pour donner à l'enfant les soins nécessaires (*désigner les prénoms, nom, âge, profession et demeure de la personne, les prénoms, nom, âge, profession de son mari si elle est mariée*).

Puis, accompagné du comparant et de tous les témoins ci-dessus nommés, nous nous sommes rendu au lieu désigné comme étant celui où l'enfant a été trouvé. Arrivé à cet endroit auquel s'est également rendue avec nous la dame　　susnommée, portant ledit enfant, nous avons fait diverses investigations interpellé les voisins et les personnes ayant l'habitude de passer là pour les besoins de leur commerce, de leur industrie ou de leur travail, et il nous a été impossible de découvrir les auteurs de l'abandon de cet enfant, ni de connaître son origine.

De retour à la mairie — *ou* vu l'éloignement de la mairie et l'urgence, nous sommes entré au domicile de　　(*prénoms, nom, âge, profession*) situé　　(*indiquer l'adresse*) — en présence du comparant et de toutes les personnes ci-dessus nommées, (D) nous avons déclaré donner à l'enfant les prénoms de　　et le nom de　　, et nous avons décidé qu'il serait immédiatement transporté et déposé avec les vêtements et effets ci-dessus désignés, à l'hospice de　　, par les soins de (*prénoms, nom, âge, profession et domicile*) à qui nous l'avons confié et qui s'en est chargé.

De tout ce que dessus avons dressé, pour être transcrit

(C) (D) Tout le texte compris entre les lettres C et D étant l'énoncé d'opérations qui sont du ressort d'un officier de police judiciaire ne doit pas faire partie d'un procès-verbal qui serait dressé par l'un des officiers d'état civil de Paris, lesquels ne possèdent pas le titre d'officiers de police judiciaire.

OBJET.	N°s DE la Science	Formules correspondant, pour le texte, aux numéros de *la Science du praticien de l'état civil*, 2e partie.

et annexé au registre des actes de naissance de notre commune, le présent procès-verbal dont nous avons donné lecture à tous les susnommés qui l'ont signé avec nous (— *ajouter s'il y a lieu :* à l'exception de   qui a déclaré ne savoir signer) en mairie (*ou* au domicile dudit   ) ledit jour   (*répéter la date*) à   heure

---

Acte de transcription, sur le registre des naissances, du procès-verbal dressé par l'officier d'état civil constatant l'exposition d'un enfant trouvé inconnu (A) — 119

Date, mois, année et heure de l'acte. — 34

Prénoms et noms de l'officier d'état civil. — 36

Qualité de l'officier d'état civil. — 6, 11, 36

Titres honorifiques de l'officier d'état civil, s'il y a lieu. — 38

Lieu où l'acte est dressé. — 35

Signature de l'acte. — 45

Paraphe et annexe de la pièce transcrite. — 47

FORMULE 26

—

Le   mil huit cent   , à   heure   ,

Nous....

Si c'est le maire qui dresse l'acte : Maire, officier de l'état civil de la commune de   , canton de   , arrondissement de   , département de   ,

Si c'est un autre fonctionnaire, se conformer aux indications de la formule 23, suivant le cas.

Avons, en la mairie, transcrit sur le présent registre, conformément à l'article cinquante-huit du Code civil, le procès-verbal dressé par nous aujourd'hui et dont le teneur suit :

(*Copier le procès-verbal en entier, et rapporter, à la suite, les signatures qui y sont apposées*).

De laquelle transcription nous avons dressé le présent acte que nous avons signé, après y avoir annexé le procès verbal transcrit dûment paraphé par nous.

Acte de la présentation d'un enfant trouvé inconnu dont l'exposition a été constatée par un officier de police judiciaire autre que l'officier d'état civil (A). — 120

Date, mois, année et heure de l'acte. — 34

Prénoms et noms de l'officier d'état civil. — 36

Qualité de l'officier d'état civil. — 6, 11, 36

Titres honorifiques de l'officier d'état civil, s'il y a lieu. — 38

FORMULE 27

—

L'an mil huit cent   , le   , à   heure du   ,

Devant nous....

Si c'est le maire qui dresse l'acte : Maire, officier de l'état civil de la commune de   , canton de   , arrondissement de   , département de   ,

Si c'est un autre fonctionnaire, se conformer aux indications données dans la formule 23, suivant le cas.

A comparu   (*prénoms, nom, âge, profession et domicile*).

Lequel nous a présenté un enfant du sexe   , paraissant âgé d'environ   , nous déclarant que cet enfant a été trouvé par lui le   , ainsi qu'il résulte, au surplus, d'un procès-verbal dressé par le commissaire de police de   dont un double,

---

(A) Voyez le *nota bene* qui suit l'Index placé en tête des formules de cette deuxième partie.

OBJET.	N°ˢ DE la Science	Formules correspondant, pour le texte, aux numéros de *la Science du praticien de l'état civil,* 2° partie.
Acte de la présentation d'un enfant trouvé inconnu (form. 27, — *suite*) (A).		paraphé par le comparant et par nous, restera annexé au présent registre, ledit procès-verbal ainsi conçu : (*transcrire littéralement*).
Prénoms et nom donnés par l'officier d'état civil à l'enfant.	121	Nous avons donné à cet enfant les prénoms de et le nom de .
Tutelle sous laquelle l'enfant est placé.	122	L'enfant a été remis entre les mains de (*prénoms, nom, âge, profession et domicile*) pour être conduit par cette personne, ainsi qu'elle s'en est chargée, à l'hospice de .
Lieu où l'acte est dressé.	35	De tout quoi nous avons, en la mairie, en présence de
Témoins présents à l'acte.	37, 39	(*prénoms, noms, professions, âges et domiciles des deux témoins*),
Lecture de l'acte.	45	dressé le présent acte, dont nous avons donné lecture au comparant et aux témoins, et l'avons signé avec eux.
Signature.	45	
Si quelqu'un des déclarant' et témoins n'a pas signé, désigner lequel et faire connaître la cause de son empêchement.	45	

OBJET.	N°ˢ DE la Science	
Acte de la reconnaissance d'un enfant naturel faite par les père et mère ou par l'un d'eux (A).	130	**FORMULE 28**
Date, mois, année et heure de l'acte.	34	Le mil huit cent , heure du ,
Prénoms et nom de l'officier d'état civil.	36	Par-devant nous...
Qualité de l'officier d'état civil.	6, 11, 36	*Si c'est le maire qui dresse l'acte :* Maire, officier de l'état civil de la commune de , canton de , arrondissement de , département de . *Si c'est un autre fonctionnaire, se conformer aux indications de la formule* 23, *suivant le cas.*
Titres honorifiques de l'officier d'état civil s'il y lieu.	38	
Prénoms, noms, âges, professions et domiciles des deux personnes comparantes.	34	Ont comparu (B)
		Lesquels ont déclaré reconnaître pour leur fils (*ou* leur fille) l'enfant du sexe , né le mil huit cent , dans la commune de , canton de , arrondissement de , département de , inscrit sur le registre des naissances de ladite commune le , sous les prénoms de , comme fils de et de (C).
Lieu où l'acte est dressé.	35	De laquelle déclaration nous avons, en la maison commune, dressé le présent acte, en présence de (*prénoms, noms, professions, âges et domiciles des deux témoins*).
Témoins présents à l'acte.	37, 39	
Lecture et signature de l'acte et mention, s'il y a lieu, des causes qui ont empêché quelqu'un des comparants et témoins de signer.	45	Et ont les comparants et témoins signé avec nous, après lecture.

(A) Voyez le *nota bene* qui fait suite à l'Index placé en tête des formules de cette deuxième partie.

(B) Si le père seul ou la mère seule comparaît pour reconnaître son enfant, les prénoms, nom, âge, profession et domicile de la personne comparante seront seuls énoncés, et la formule n'aura d'autre changement à subir que la substitution du singulier au pluriel dans les énonciations qui se rapportent aux comparants.

Si, par suite de circonstances exceptionnelles et rares, le comparant est un mandataire, on énoncera cette qualité à la suite de l'énoncé de son domicile, ainsi qu'il suit : — « agissant au nom et comme mandataire de   (*prénoms,* « *nom, profession et domicile du mandant, son âge, si on peut le connaître*) aux termes d'une procuration spéciale passée « devant maître   , notaire à   , le   mil huit cent   , dont l'expédition, paraphée par la partie « produisante et par nous, demeurera annexée au présent registre » — et sa déclaration sera enregistrée ainsi : « lequel « a déclaré reconnaître pour le fils (*ou* la fille) de son mandant (*ou* sa mandante) l'enfant   (*le reste comme en la* « *formule.*)

(C) Dans le cas où, par suite d'une omission que le comparant aurait à faire immédiatement réparer par jugement, la naissance de l'enfant n'aurait pas été inscrite, au lieu de dire : *inscrit sur les registres,* on dirait : *et qui a été élevé sous les prénoms de* et le nom de   , par   (prénoms, nom, profession et domicile.)

<table>
<tr><td>OBJET.</td><td>N^{os} DE
la Science</td><td>Formules correspondant, pour le texte, aux numéros de la Science du praticien de l'état civil, 2e partie.</td></tr>
</table>

Réquisition des parties pour mentionner une reconnaissance d'enfant naturel faite devant le maire de la même commune. — 131 133

FORMULE 29

A Monsieur le Maire de la commune de   .

N   le   18   .

Le soussigné   (*prénoms, nom, profession, âge et domicile*)

En vertu des articles 49 et 62 du Code civil,

Requiert Monsieur le Maire de la commune de   , de vouloir bien mentionner en marge de l'acte de naissance de l'enfant inscrit sous les prénoms et nom de   , sur les registres de l'état civil de ladite commune, à la date du   18 , l'acte de reconnaissance *ou* mariage dressé devant le Maire de la même commune le   , — dont l'expédition enregistrée est ci-jointe (— *ou* dont le soussigné n'a pas, quant à présent, l'intention de lever et faire enregistrer l'expédition), — aux termes duquel le soussigné a reconnu pour son fils (*ou* sa fille), — *ou, s'il s'agit d'une légitimation :* aux termes duquel le soussigné et (*prénoms et nom*) ont reconnu et légitimé — l'enfan tdésigné en l'acte de naissance susdaté.

Le soussigné assure Monsieur le Maire de sa considération distinguée.

(*Signature*).

Réquisition des parties pour mentionner une reconnaissance d'enfant naturel faite devant le maire d'une autre commune, ou devant notaire. — 131 133

FORMULE 30

A Monsieur le Maire de la commune de   .

N   le   18   .

Le soussigné   (*prénoms, nom, profession et domicile*),

En vertu des articles 49 et 62 du Code civil,

Requiert Monsieur le Maire de la commune de   , de vouloir bien transcrire sur les registres de l'état civil de sa commune, et mentionner en marge de l'acte de naissance de l'enfant inscrit sous les prénoms et nom de   , sur les registres de ladite commune, à la date du   18 , l'acte de (*reconnaissance, ou mariage*) dressé devant le maire, officier de l'état civil de la commune de   , le   , dont l'expédition enregistrée est ci-jointe (*ou* devant maître   , notaire à   , le   dont l'expédition est ci-jointe), aux termes duquel le soussigné a reconnu pour son fils (*ou* sa fille), (— *ou, s'il s'agit a une légitimation :* aux termes duquel le soussigné et   *prénoms et nom* ont reconnu et légitimé) l'enfant désigné en l acte de naissance susdaté.

Le soussigné assure Monsieur le Maire de sa considération distinguée.

Signature.

(A) Voyez le *nota bene* qui suit l'index placé en tête des formules de cette deuxième partie.

OBJET.	N°ˢ DE la Science	Formules correspondant, pour le texte, aux numéros de *la Science du praticien de l'état civil,* 2ᵉ partie.

Acte de transcription d'un acte de reconnaissance d'enfant naturel (A). — 132

FORMULE 31

Date, mois, année et heure de l'acte. — 34
Prénoms et nom de l'officier d'état civil. — 36
Qualité de l'officier d'état civil. — 6, 11, 36

Le   mil huit cent   , à   heure du   ,
Nous....

Si c'est le maire qui dresse l'acte : Maire, officier de l'état civil de la commune de   , canton de   , arrondissement de   , département de   ;

Si c'est un autre fonctionnaire, se conformer aux indications de la formule 23, *suivant le cas.*

Titres honorifiques de l'officier d'état civil. — 38

A la suite de la réquisition à nous faite par   (*prénoms, nom, profession, âge et domicile*) — qui s'est présenté devant nous à cet effet, — *ou* laquelle réquisition, écrite sur feuille de papier timbré, demeurera ci-annexée après avoir été paraphée par nous, — *ou* laquelle réquisition faite par exploit de huissier à   , en date de ce jour, demeurera ci-annexée après avoir été paraphée par nous ;

Lieu où l'acte est dressé. — 35

Avons immédiatement après réception, et en la maison commune, transcrit sur le présent registre l'acte de reconnaissance dont la teneur suit, — à nous remis par le susnommé — *ou* joint à ladite réquisition.

(*Copier le texte entier de l'acte, y compris les mentions mises en tête et à la fin, et en indiquant ensuite les signatures qui y sont apposées.*)

De laquelle transcription nous avons dressé le présent acte que nous avons signé après y avoir annexé l'acte transcrit, préalablement paraphé par nous — *si le requérant est présent, ajouter :*

Paraphe et annexe des pièces. — 47
Lecture et signature. — 45

et par le requérant, auquel nous avons donné lecture dudit acte de transcription et qui l'a signé avec nous *ou* qui a déclaré ne savoir signer.

Mention de l'acte d'une reconnaissance d'enfant naturel faite devant le maire de la même commune et dont l'expédition n'a pas été levée. — 133

FORMULE 32

Reconnaissance par le père et la mère (ou par le père, ou par la mère, B) — *ou légitimation.* — Par acte de reconnaissance (*ou de mariage*) passé devant le maire, officier de l'état civil de   , le   , (*prénoms et nom*) et   (*prénoms et nom*) ont reconnu pour leur fils (*ou* fille) — (*ou* reconnu et légitimé) l'enfant dont la naissance est enregistrée ci-contre.

Mention faite par nous   (*nom*), maire de la commune de   , avant l'enregistrement de l'expédition dudit acte, sur la réquisition écrite des parties, à   , le   mil huit cent   .

N. B. — Pour l'envoi d'une copie de la présente mention au procureur de la République, voyez les formules 16 et 17.

(A) Voyez le *nota bene* qui suit l'Index placé en tête des formules de cette deuxième partie.
(B) Si la reconnaissance n'a été faite que par une personne, cette personne sera seule désignée, et la formule n'aura d'autre changement à subir que la substitution du singulier au pluriel dans les énonciations qui se rapportent aux père et mère.

<table>
<tr><td>OBJET.</td><td>N^{os} DE
la Science</td><td>Formules correspondant, pour le texte, aux numéros de *la Science du praticien de l'état civil*, 2e partie.</td></tr>
</table>

OBJET.	N^{os} DE la Science	Formules correspondant, pour le texte, aux numéros de *la Science du praticien de l'état civil*, 2e partie.
Mention d'une reconnaissance d'enfant naturel faite devant le maire de la même commune par un acte dont l'expédition a été levée et enregistrée.	133	

FORMULE 33

—

Reconnaissance par les père et mère (ou par le père, ou par la mère) (C) — *ou légitimation*. Par acte de reconnaissance *ou* mariage passé devant le maire, officier de l'état civil de   ,
le   mil huit cent   , dont l'expédition porte la mention suivante : « Enregistré à   le   mil huit cent   , folio   recto (*ou verso*) case   ; reçu   ; signé   »
N   (*prénoms et nom*) et N   (*prénoms et nom*) ont reconnu pour leur fils (*ou fille*) — (*ou reconnu et légitimé*) — l'enfant dont la naissance est enregistrée ci-contre.

Mention faite, sur le vu de ladite expédition et de la réquisition écrite des parties, par nous   (*nom*), maire de la commune de   , ce   mil huit cent   .

(*Signature*).

N. B. — Pour l'envoi d'une copie de la présente mention au procureur de la République, voyez formules 16 et 17.

FORMULE 34

—

Mention d'une reconnaissance d'enfant naturel faite par acte dressé devant le maire d'une autre commune.	133	

Reconnaissance par les père et mère (ou par le père, ou par la mère (D) — *ou légitimation*. Par acte de reconnaissance *ou* de mariage passé devant le maire de la commune de   ,
(*nom du département*), en date du   mil huit cent   , dont l'expédition porte la mention suivante : « Enregistré à   le   mil huit cent   , folio   recto (*ou verso*) case   ; reçu   ; signé :   », laquelle expédition transcrite aujourd'hui sur le registre des naissances de notre commune y est demeurée annexée, N   (*prénoms et nom*) et N   (*prénoms et nom*) ont reconnu pour leur fils (*ou fille*) — *ou* ont reconnu et légitimé — l'enfant enregistré ci-contre.

Mention faite par nous   (*nom*), maire de la commune de   , ce   mil huit cent   .

N. B. — Pour l'envoi d'une copie de la présente mention au procureur de la République, voyez formules 16 et 17.

(A) Voyez le *nota bene* qui suit l'index placé en tête des formules de cette deuxième partie.
(C) (D) (E) Si la reconnaissance n'a été faite que par une personne, cette personne sera seule désignée, et la formule n'aura d'autre changement à subir que la substitution du singulier au pluriel dans les énonciations qui se rapportent aux père et mère.

Mention d'une reconnais-sance d'enfant naturel faite par acte notarié.

133

FORMULE 35

—

Reconnaissance par les père et mère (ou par le père, ou par la mère) (E). Par acte passé devant maître   , notaire à   , le   mil huit cent   , dont l'expédition transcrite aujour-d'hui sur le registre des actes de naissance de notre commune y est demeurée annexée, N   *(prénoms et nom)* et N *(prénoms et nom)*, ont reconnu pour leur fils *(ou* fille) l'enfant enregistré ci-contre.

Mention faite par nous   *(nom)*, maire de la commune de   , ce   mil huit cent   .

N. B. — Pour l'envoi d'une copie de la présente mention au procureur de la République, voyez formules 16 et 17.

Réquisition des parties pour transcription d'un acte d'adoption.

134

FORMULE 36

—

A Monsieur le Maire de la commune de   .

N   le   18   .

Le soussigné   *(prénoms, nom, profession, âge et domicile)*, En vertu des articles 49 et 359 du Code civil.

Requiert Monsieur le Maire de la commune de   , de vou-loir bien transcrire sur les registres de l'état civil de ladite com-mune : 1° l'acte passé devant le juge de paix du canton de   , le   18   , par lequel Monsieur *(ou* Madame)   *(prénoms, nom, profession)* demeurant dans ladite commune de   , a déclaré vouloir adopter Monsieur *(ou* Madame)   *(prénoms et nom)* ; 2° l'arrêt en date du   18   , par lequel la Cour d'appel de   a confirmé le jugement rendu par le tribunal de première instance de   le   18   , portant qu'il y a lieu à l'adoption.

Desquels acte et arrêt les expéditions en due forme sont ci-jointes.

Le soussigné assure Monsieur le Maire de sa respectueuse considération.

Signature.

(A). Voyez le *nota bene* qui suit l'index placé en tête des formules de cette deuxième partie.
(E). Si la reconnaissance n'a été faite que par une personne, cette personne sera seule désignée et la formule n'aura d'autre changement à subir que la substitution du singulier au pluriel dans les énonciations qui se rapportent aux père et mère.

<table>
<tr><td>OBJET.
—</td><td>N^{os} DE
la Science
—</td><td>Formules correspondant, pour le texte, aux numéros de la Science du
praticien de l'état civil, 2e partie.</td></tr>
</table>

Acte de transcription d'acte et d'arrêt d'adoption (A).	134	**FORMULE 37**

Date, mois, année et heure de l'acte.	34	Le mil huit cent , à heure du ,
Prénoms et nom de l'officier d'état civil.	36	Nous....
Qualité de l'officier d'état civil.	6, 11, 36	*Si c'est le maire qui dresse l'acte :* Maire, officier de l'état civil de la commune de , canton de , arrondissement de , département de ;
		Si c'est un autre officier public, se conformer aux indications de la formule 23, suivant le cas.
Titres honorifiques de l'officier d'état civil, s'il y a lieu.	38	A la suite de la réquisition à nous faite par (*prénoms, nom, profession, âge et domicile*) — qui s'est présenté devant nous à cet effet, — *ou* laquelle réquisition, écrite sur feuille de papier timbré, demeurera ci-annexée après avoir été paraphée par nous, — *ou* laquelle réquisition faite par exploit de huissier à , en date de ce jour, demeurera ci-annexée après avoir été paraphée par nous ;
		Avons, immédiatement après réception, transcrit sur le présent registre l'acte d'adoption et l'arrêt approbatif dont la teneur suit — à nous remis par le requérant. — *ou* joint à ladite réquisition.
		(*Copier le texte entier de l'acte dressé par le juge de paix en rapportant, à la fin, les mentions et signatures qui y sont apposées. Copier ensuite en entier l'arrêt de cour d'appel confirmant l'adoption, en rapportant aussi les signatures y apposées.*)
Lieu où l'acte est dressé.	35	De laquelle transcription nous avons, en la maison commune, dressé le présent acte que nous avons signé, après y avoir annexé l'acte et l'arrêt transcrits préalablement paraphés par nous ; — *si le requérant est présent, ajouter :* et par le requérant, auquel nous avons donné lecture dudit acte de transcription et qui l'a signé avec nous (*ou* a déclaré ne savoir signer, *ou* ne pouvoir signer à cause d'un accident paralysant, en ce moment, sa main droite).
Paraphe et annexe des pièces transcrites.	47	
Lecture et signature de l'acte.	45	

(A). Voyez le *nota bene* qui suit l'index placé en tête des formules de cette deuxième partie.

<table>
<tr><td>OBJET.
—</td><td>N^{os} DE
la Science
—</td><td>Formules correspondant, pour le texte, aux numéros de *la Science du praticien de l'état civil*, 2e partie.</td></tr>
</table>

Réquisition des parties pour mentionner une adoption.	135

FORMULE 38

—

A Monsieur le Maire de la commune de

N   le   18   .

Le soussigné   (*prénoms, nom, profession, âge et domicile*),
En vertu des articles 49 et 347 du Code civil,

Requiert Monsieur le Maire de la commune de   , de vouloir bien : 1° transcrire sur les registres de l'état civil de sa commune l'expédition de l'acte de transcription d'adoption dressé par l'officier de l'état civil de la commune de   le   18   , laquelle expédition est ci-jointe ; 2° mentionner en marge de l'acte de naissance de   (*prénoms et nom*), inscrit sur les registres de l'état civil de sa commune le   18   , que l'enfant enregistré dans cet acte de naissance a été adopté par   (*prénoms et nom*), aux termes de l'acte et de l'arrêt dont le texte est donné dans l'expédition ci-dessus énoncée.

Le soussigné assure Monsieur le Maire de sa respectueuse considération.

(*Signature*),

—

Mention d'adoption.	135

FORMULE 39

—

Adoption. Par acte passé devant le juge de paix du canton de   , le   mil huit cent   , suivi d'un arrêt confirmatif de la Cour d'appel de   , en date du   mil huit cent   , transcrits sur le registre de l'état civil de   .   , le   mil huit cent   , N   (*prénoms et nom*) a adopté l'enfant dont l'acte de naissance est ci-contre.

Mention faite ce   mil huit cent   , par nous   (*nom*), maire de la commune de   , sur le vu de l'expédition d'acte de transcription délivrée par le maire de   , laquelle est annexée à l'acte de transcription dressé sur le registre des naissances de notre commune ce jourd'hui.

N. B. — Pour l'envoi d'une copie de la présente mention au procureur de la République, voyez les formules 16 et 17.

(A). Voyez le *nota bene* qui suit l'index placé en tête des formules de cette deuxième partie.

<table>
<tr><td>OBJET.</td><td>N^{os} DE
la Science
—</td><td>Formules correspondant, pour le texte, aux numéros de la Science du praticien de l'état civil, 2e partie.</td></tr>
</table>

<table>
<tr><td>Bordereau des expéditions d'actes de l'état civil d'étrangers adressées à la sous-préfecture pour l'exécution des conventions internationales relatives à la communication réciproque des actes de l'état civil.</td><td>69, 147
280, 331</td><td></td></tr>
</table>

FORMULE 40

—

DÉPARTEMENT   COMMUNE de   ARRONDISSEMENT

de   ——   de

BORDEREAU DES EXPÉDITIONS D'ACTES DE L'ÉTAT CIVIL D'ÉTRANGERS (1) inscrits sur les registres pendant le   trimestre 18   .

Adressées à la sous-préfecture de   pour l'exécution des conventions internationales relatives à la communication réciproque des actes de l'état civil.

N^{os} du registre.	NOMS ET PRÉNOMS des parties (2)	DATE DES ACTES				LIEU D'ORIGINE (4)	OBSERVATIONS
		Naissances.	Reconnaissances.	Mariages (3)	Décès.		

Dressé et certifié exact par nous, Maire,

A   le   18   .

Le Maire,

---

(1) Sujets de l'Italie, de la Belgique, du grand-duché de Luxembourg, de la principauté de Monaco.
(2) Lorsqu'il s'agit d'un acte de mariage, prendre deux lignes et indiquer les noms des deux époux.
(3) Lorsque l'acte de mariage contient légitimation, mentionner le fait dans la colonne d'observations.
(4) Indiquer autant que possible : ·

Pour les actes de naissance, le lieu d'origine ou domicile des père et mère à l'étranger.
Pour les actes de reconnaissance, les indications ci-dessus, plus celle du lieu de naissance de l'enfant.
Pour les actes de mariage, le lieu de naissance ou le domicile, soit du conjoint, soit de ses père et mère.
Pour les actes de décès, le lieu de naissance ou le dernier domicile, à l'étranger, de la personne décédée.

N. B. — La présente formule est la reproduction de la formule n° 22.

OBJET.	Nᵒˢ DE la Science	Formules correspondant, pour le texte, aux numéros de *la Science du praticien de l'état civil*, 2ᵉ partie.

Bulletin de naissance
délivré en exécution de la loi du
23 décembre 1874   142

FORMULE 41

—

DÉPARTEMENT de	COMMUNE de	ARRONDISSEMENT de

BULLETIN DE NAISSANCE

délivré en exécution de l'article 7 de la loi du 23 décembre 1874.

Nom

Prénoms

Né le   à   , inscrit le   18   nᵒ   ,

Fils (1)   de

profession

Et de

profession

Demeurant à

Délivré à   , le   18   .

L'officier de l'état civil,

AVIS IMPORTANT (2)

Tout enfant naturel, inscrit sous le nom de sa mère, n'est *légalement reconnu* par celle-ci qu'après une déclaration spéciale par elle faite, soit à la mairie, soit par-devant notaire.

Il peut être *légitimé* par le mariage subséquent de ses père et mère, lorsque ceux-ci l'auront légalement reconnu avant leur mariage ou qu'ils le reconnaîtront dans l'acte même de célébration.

Loi du 23 décembre 1874, relative à la protection des enfants du premier âge.

ART. 7. — Toute personne qui place un enfant en nourrice, en sevrage ou en garde, moyennant salaire, est tenue, sous les peines portées par l'article 346 du code pénal (3), d'en faire la déclaration à la mairie de la commune où a été faite la déclaration de naissance, ou à la mairie de la résidence actuelle du déclarant, en indiquant, dans ce cas, le lieu de la naissance de l'enfant, et de remettre à la nourrice ou à la gardeuse un bulletin contenant un extrait de l'acte de naissance de l'enfant qui lui est confié.

ART. 9. — Toute personne qui a reçu chez elle, moyennant salaire, un nourrisson ou un enfant en sevrage ou en garde est tenue sous les peines portées en l'article 346 du Code pénal (3), d'en faire la déclaration à la mairie de la commune de son domicile dans les trois jours de l'arrivée de l'enfant et de remettre le bulletin mentionné à l'article 7.

---

(1) Si l'enfant a été reconnu, en faire mention.
(2) Ces avis sont à imprimer sur les côtés ou à la suite du bulletin.
(3) (Emprisonnement de six jours à six mois et amende de 16 francs à 300 francs.)

OBJET.	N^{os} DE la Science	Formules correspondant, pour le texte, aux numéros de *la Science du praticien de l'état civil*, 2e partie.

Certificat médical délivré à une nourrice, sevreuse ou gardeuse.

153

FORMULE 42

ARRONDISSEMENT   DÉPARTEMENT   CANTON
de   de   de

PROTECTION DES ENFANTS DU PREMIER AGE
(Exécution de la loi du 23 décembre 1874.)

CERTIFICAT MÉDICAL

délivré à une nourrice, sevreuse ou gardeuse.

Je, soussigné, (1)
demeurant à   , rue   , n°   , certifie que la nommée   (*nom et prénoms*) (2)   domiciliée à   rue n°   , remplit les conditions désirables pour élever un   (3), qu'elle est vaccinée, que la naissance de son dernier enfant remonte à   , et qu'elle paraît n'avoir elle-même ni infirmité ni maladie contagieuse.

Fait à   , le   18   .

Signature.

Vu pour légalisation de la signature de M.

N   le   18   .

Le Maire,

(Le texte suivant doit se trouver imprimé en marge de la formule imprimée du certificat.)

Loi du 23 décembre 1874. Article 8. Toute personne qui veut se procurer un nourrisson ou un ou plusieurs enfants en sevrage ou en garde est tenue de se munir préalablement des certificats exigés par les règlements pour indiquer son état civil et justifier de son aptitude à nourrir ou à recevoir des enfants en sevrage ou en garde. Toute déclaration ou énonciation reconnue fausse dans lesdits certificats entraîne l'application au certificateur des peines portées au § 1er de l'article 155 du Code pénal.

Règlement d'administration publique. Article 29. Le certificat médical est délivré par le médecin inspecteur, ou, à défaut de médecin inspecteur habitant la commune où réside la nourrice, par un docteur en médecine ou par un officier de santé. Il peut également être délivré dans la commune où la nourrice vient prendre l'enfant. Il est dûment légalisé et visé par le maire ; il doit attester : 1° que la nourrice remplit les conditions désirables pour élever un nourrisson ; 2° qu'elle n'a ni infirmité ni maladie contagieuse ; qu'elle est vaccinée.

---

(1) Docteur en médecine ou officier de santé.
(2) Ajouter après les nom et prénoms de la femme ceux du mari.
(3) Nourrisson au sein, au biberon, à la chèvre, ou enfant en sevrage ou en garde.

OBJET.	N°ˢ DE la Science	Formules correspondant, pour le texte, aux numéros de *la Science du praticien de l'état civil*, 2ᵉ partie.

Avis de la déclaration du placement d'un enfant en nourrice, en sevrage ou en garde, faite à la mairie par les parents.

155

FORMULE 43

—

DÉPARTEMENT de
—

ARRONDISSEMENT de
—

CANTON de
—

MAIRIE de
—

N° D'ORDRE du registre

Date de la déclaration.

—

AVIS A TRANSMETTRE DANS LES TROIS JOURS.

A. *Au cas où l'enfant est placé dans la même commune.*
Au médecin inspecteur, à la visiteuse de la circonscription et au membre de la commission locale chargé de la surveillance des nourrissons du quartier.
B. *Au cas où l'enfant est placé dans une autre commune.*
Au maire de la commune où l'enfant est envoyé en nourrice.

Exécution de la loi du 23 décembre 1874 relative à la protection des enfants du premier âge.
Application de l'article 7 de cette loi et des articles 23 et 24 du règlement du 27 février 1877.

—

DÉCLARATION DU PLACEMENT D'UN ENFANT
EN NOURRICE, EN SEVRAGE OU EN GARDE

Du registre tenu à la mairie de   , il appert que l'enfant nommé   , prénommé   , né le   18 , et inscrit à la mairie de   , sous le n°   , fils légitime *ou* naturel de   profession de   , et de   profession de   , demeurant à   , rue   , n°   , baptisé à l'église de   , le   18 ,

A été confié, le   18 , suivant déclaration faite en vertu de l'article 7 de la loi, à la mairie de   , à la nommée   femme   , domiciliée rue   , n°   , à   , canton de   , département de   , et munie d'un carnet délivré à   , sous le n°   , laquelle doit l'élever (a)   , moyennant   francs par mois.

Pour extrait certifié conforme.

N   , le   18 .

Le Maire,

A M.

(a) Conditions de placement.

<table>
<tr><td>OBJET.</td><td>N^{os} DE
la Science
—</td><td>Formules correspondant, pour le texte, aux numéros de la Science du
praticien de l'état civil, 2e partie.</td></tr>
</table>

Avis de la déclaration faite par la nourrice, sevreuse ou gardeuse, concernant l'enfant qui lui a été confié.	156, 157 158, 159

FORMULE 44

—

DÉPARTEMENT
de
—

ARRONDISSEMENT
de
—

CANTON
de
—

MAIRIE
de
—

N° D'ORDRE
du registre

Date de la déclaration.

—

AVIS
A TRANSMETTRE DANS
LES TROIS JOURS.

A. *En cas de déclaration d'élevage* (1), *de retrait* (2), *de changement de nourrice* (3), *de changement de résidence de la nourrice* (4), *de décès de l'enfant* (5).
1° Au médecin inspecteur, à la visiteuse de la circonscription et au membre de la commission locale chargé de la surveillance des nourrissons du quartier (1, 2, 3, 4, 5);
2° Au maire de la commune où la déclaration de placement a été faite, ou à celui de la commune où sont domiciliés les parents, lorsque la déclaration de placement a été faite dans une commune autre que celle du domicile (1, 2, 3, 4, 5);
3° Au maire de la commune où demeure la nouvelle nourrice de l'enfant (3);
4° Au maire de la commune où va résider la nourrice (4).
B. *En cas de réception d'avis de retrait* (2), *de changement de nourrice* (3), *de changement de résidence de la nourrice* (4), *de décès de l'enfant* (5).
Aux parents ou ayants droit.

Exécution de la loi du 23 décembre 1874 relative à la protection des enfants du premier âge.
(*Application de l'article 9 de cette loi et de l'article 24 du règlement du 27 février 1877.*)

—

DÉCLARATION faite par la nourrice, sevreuse ou gardeuse, concernant l'enfant qui lui a été confié.

Du registre tenu à la mairie de   , il appert que l'enfant nommé   , prénommé   , né le   18   , et inscrit à la mairie de   , sous le n°   , fils légitime *ou* naturel de   , profession de   , et de   , profession de   , demeurant à   , rue   , n°   , baptisé à l'église de   , le   18   , qui a été confié le   18   , suivant déclaration faite en vertu de l'article 7 de la loi, à la mairie de   , à la nommée   , femme   , domiciliée rue   , n°   , à   , canton de   , département de   , et munie d'un carnet délivré à   , sous le n°   , laquelle doit l'élever   (*a*)   moyennant   francs par mois;

1° Est arrivé le   18   à

2° A été repris le   18   , par

3° A été changé de nourrice et remis le   18   , à la nommée   (   ) femme   , demeurant rue   , n°   , à

4° Est parti avec sa nourrice pour

5° Est décédé le   18   , à   des suites de

Pour extrait certifié conforme,

N   , le   18   .

Le Maire,

A M.

Recommandation importante. — Avoir soin de rayer toute mention qui n'aurait pas été utilisée.

____

(*a*) Conditions de placement.

OBJET.	N°ˢ DE la Science	Formules correspondant, pour le texte, aux numéros de *la Science du praticien de l'état civil*, 2ᵉ partie.

Bulletin de vi-site transmis par un membre de la commission locale de protection de l'en-fance du premier âge, au maire, pré-sident de cette com-mission.

159

FORMULE 45

—

PROTECTION

DES ENFANTS

ᵢdu

PREMIER AGE

—

EXÉCUTION
de l'article 6 du décret
du
27 février 1877.

COMMISSION LOCALE de

—

BULLETIN DE VISITE

transmis à M. le président de la Commission.

Nom de l'enfant :
Prénoms :
Nom de la nourrice ⎱
sevreuse ou gardeuse ⎰
Adresse

Résultats de la visite faite le   18   .

Le membre de la Commission,

FORMULAIRE

DU

PRATICIEN DE L'ÉTAT CIVIL

TROISIÈME PARTIE

Formules applicables aux publications de mariage, aux actes de mariage, aux actes supplétifs de jugement de divorce, à certaines expéditions de quelques-uns de ces actes et aux formalités qui précèdent ou suivent lesdits actes.

INDEX DE CES FORMULES SUIVANT LEUR RANG DE NUMÉROS

(Les numéros font suite à ceux de la 2ᵉ partie.)

3*

64. Acte de transcription d'un acte de mariage dressé à l'armée.
65. Acte de transcription d'un acte de mariage dressé à l'étranger.
66. Acte de transcription d'un acte de mariage dressé dans une autre commune et comportant une légitimation.
67. Acte de transcription d'un jugement de divorce.
68. Réquisition de la partie poursuivante pour mentionner le divorce en marge de l'acte de mariage.
69. Mention de jugement de divorce en marge de l'acte de mariage.
70. Bordereau des expéditions d'actes d'état civil d'étrangers inscrits sur les registres pendant le trimestre 18 , adressées à la sous-préfecture pour l'exécution des conventions internationales relatives à la communication réciproque des actes de l'état civil.

N. B. — Pour faciliter la lecture et l'intelligence du sens des formules d'actes, il a été ménagé dans ces formules des alinéas et des blancs.

On ne devra jamais perdre de vue qu'il faut ne laisser ni alinéas ni blancs dans les actes, pour se conformer aux prescriptions légales rappelées au n° 43 de *la Science du praticien de l'état civil.*

OBJET.	N°ˢ DE la Science	Formules correspondant, pour le texte, aux numéros de *la Science du praticien de l'état civil*, 3ᵉ partie.

Certificat d'indigence (loi du 10 décembre 1850).   164

FORMULE 46

DÉPARTEMENT   **COMMUNE** de   ARRONDISSEMENT

de   de

Exécution de la loi du 10 décembre 1850, relative aux mariages d'indigents.

1° CERTIFICAT DE NON-IMPOSITION (1)

Le percepteur des contributions directes de   soussigné, certifie que   (*prénoms, nom, profession*), demeurant à   rue   n°   n'est pas imposé.

Fait à   , le   , 18 .

2° CERTIFICAT D'INDIGENCE

Le commissaire de police (*ou le maire*) de   ,
Vu la loi du 10 décembre 1850,
Vu le certificat qui précède (2) et renseignements pris,
Certifie l'indigence de   (*prénoms et nom*) ci-dessus qualifié et domicilié (3).
En foi de quoi le présent certificat lui a été délivré à l'effet d'obtenir en franchise de tous droits de greffe, de timbre et d'enregistrement les pièces nécessaires à son mariage avec   .

Fait à   , le   18 .

Vu et approuvé par nous, juge de paix du canton de   , en exécution de la loi du 10 décembre 1850 (4).

Fait à   , le   18 .

---

(1) Le certificat de non-imposition est remplacé, lorsqu'il y a lieu, par un extrait du rôle des contributions directes, constatant que la personne à laquelle il est délivré paye moins de dix francs. (Art. 6 de la loi du 10 décembre 1850.)

(2) Les mots « le certificat qui précède » sont remplacés, lorsqu'il y a lieu, par ceux-ci : « l'extrait du rôle des contributions de la commune de   constatant que le ci-après nommé paye moins de 10 francs », ou bien, si le certificat est à part, « le certificat de non-imposition délivré par le percepteur de   le   . »

(3) Aux mots « ci-dessus qualifié et domicilié », on substitue l'indication de la profession et du domicile lorsque le certificat de non-imposition est remplacé par un extrait du rôle des contributions ou ne se trouve pas sur la même feuille que le certificat d'indigence.

(4) Lorsque le certificat du percepteur sera délivré à part, il devra être mentionné dans le visa du juge de paix. (Art. 6 de la loi du 10 décembre 1850.)

OBJET.	Nᵒˢ DE la Science	Formules correspondant, pour le texte, avec les numéros de *la Science du praticien de l'état civil*, 3ᵉ partie.

FORMULE 47

Note-Répertoire de l'officier de l'état civil, relative au mariage projeté, énonçant les renseignements, justifications, formalités et pièces nécessaires pour les publications et la célébration du mariage. — 165, 205 alinéa B.

MAIRIE de

Il y a promesse de mariage

Entre :

Prénoms, nom et profession du futur, ses titres et décorations s'il en a. — 181 — M

Domicile du futur. — 182 — demeurant

Sa qualité de mineur, mineur quant au mariage, ou majeur. — 183 — m

Son âge (à indiquer dans l'acte de mariage). — 184, 213 — âgé de

Lieu et date de sa naissance (à indiquer dans l'acte de mariage seulement). — 214 — né à , département de , le

Son état de veuf ou d'époux divorcé avec indic. des prén. et nom de sa précéd. épouse. — 185

Filiation du futur (prén., noms, profess. de ses père et mère, leur domicile s'ils existent, mention qu'ils sont décédés ou empêchés s'il y a lieu). — 186, 187 — fils de

Désignation des personnes remplaçant les père et mère s'il y a lieu. — 187 obs. 217, 218

Et

Prénoms, nom et profession de la future. — 188 — Mademoiselle

Son domicile. — 189 — demeurant

Sa qualité de mineure ou majeure. — 190 — m

Son âge (à indiquer dans l'acte de mariage seulement). — 191, 227 — âgée de

Lieu et date de sa naissance (à indiquer dans l'acte de mariage seulement). — 228 — née à , département de , le

Son état de veuve ou d'épouse divorcée, avec indic. des prén. et nom de son précéd. conjoint. — 192

Filiation de la future (prénoms, noms, profess. de ses père et mère, leur domicile s'ils existent, mention qu'ils sont décédés ou empêchés s'il y a lieu). — 193, 194 — fille de

Désignation des personnes remplaçant les père et mère s'il y a lieu. — 194 obs. 231, 232

Approbation par les futurs ou leurs parents. — 164 — Approuvé et certifié véritable, ce 18 .

La future,   Le futur,

Dates des publications dans la présente mairie :
1ᵉʳ — Dimanche
2ᵒ — Dimanche

N. B. — Les pièces, renseignements et justifications nécessaires pour la célébration du mariage sont indiqués sur les autres pages de cette formule.

---

(1) La présente *Note-Répertoire* se trouve en feuilles, disposées de manière à servir d'enveloppes de dossier, à la librairie Cotillon, Pichon successeur, à Paris, rue Soufflot, nᵒ 24, et chez M. Miscopein, secrétaire de mairie en retraite, à Nogent-sur-Marne (Seine). Elle est vendue 10 centimes l'exemplaire (port en sus).

On trouve à la même librairie un autre ouvrage de M. Miscopein, intitulé : *Naissances, Mariages et Décès. — Formalités qu'ils occasionnent ; droits qu'ils confèrent ; devoirs qu'ils imposent.* 1 vol. in-18, broché. (Prix : 2 fr. 75). — Cet ouvrage explique aux familles les formalités qu'elles ont à remplir, les renseignements et les pièces qu'elles ont à fournir pour la célébration d'un mariage.

OBJET.	Nᵒˢ DE la Science	Formules correspondant, pour le texte, aux numéros de *la Science du praticien de l'état civil*, 3ᵉ Partie.

Note-Répertoire (form. 47, *suite*).

168 à 171 — Les **publications** de la promesse de mariage doivent encore être faites :

A

A

A

A

A

Les **notes officielles** (*a*) pour faire faire les publications dans ces localités ont été remises par le maire aux futurs époux.

167 — La **notice des pièces**, renseignements et justifications qui restent à fournir (*b*) a été remise à celui des futurs époux qu'elle concerne, pour être rapportée par lui avec les documents demandés.

164, 174, 269 — **Frais.** Le futur époux *n'ayant pas* produit de **certificat d'indigence** (164) (*c*) ... doit ... payer les frais des publications faites dans la présente commune et ceux du certificat de célébration : en tout, 1 fr. 80.

203, 207 — **Date du mariage.** La **célébration** du mariage aura lieu en mairie le   , à   heure.

263 — Avec **légitimation** d'enfants?... (Voyez d'autre part, § 16.)

Voir au verso les pièces, justifications et renseignements nécessaires à la célébration du mariage.

(*a*) Voyez formule 48.
(*b*) Voyez formule 49.
(*c*) Voyez formule 46.

Note-Répertoire. (Formule 47, suite).

DÉTAIL des renseignements et pièces nécessaires pour la célébration des mariages, dans l'ordre des situations résumées sous le n° 205, paragraphe B de *la Science du praticien de l'état civil.*	RENSEIGNEMENTS ET PIÈCES NÉCESSAIRES pour le présent mariage.	MENTION de la PRODUCTION FAITE
§ 1. — *Date, heure et lieu de la célébration du mariage* (206, 207). Le jour sera indiqué par les parties, trois jours à l'avance, lorsqu'elles auront apporté à la mairie tous les renseignements et documents désignés dans la colonne ci-contre. L'heure sera fixée par l'officier de l'état civil. Le mariage sera célébré à la mairie, à moins d'impossibilité pour l'un des futurs de quitter son domicile par suite de maladie grave. Dans ce cas, produire certificat de médecin, sur papier timbré, légalisé et enregistré.		
§ 2. — *Individualité du futur* (181, 209, 210). Produire acte de naissance, *ou pour les enfants trouvés*, procès-verbal d'abandon ou d'exposition, *ou* acte de notoriété. *Si le futur a droit de porter des titres honorifiques ou nobiliaires*, quels sont les documents représentés pour en justifier ?		
§ 3. — *Domicile du futur* (182, 211). Produire certificat du propriétaire ou de voisins, dûment légalisé.		
§ 4. — *Capacité civile du futur* (181, 185, 212 à 215 *ter*). Le futur a-t-il, d'après son acte de naissance, atteint l'âge légal de 18 ans ? (Si non, voyez § 11). *Si le futur a déjà été marié.* Produire — Acte de décès de la précédente femme — *ou* Jugement annulant le précédent mariage du futur — *ou* Acte de divorce.		
§ 5. — *Filiation du futur. Son état de dépendance à l'égard de ses parents. Consentement de ceux-ci ou pièces qui tiennent lieu de ce consentement* (186, 187, 216 à 220 *bis*). Le consentement des père et mère (ou de ceux qui les remplacent) sera-t-il donné par leur présence au mariage? ou par acte notarié? ou par simple production de délibération? Ou bien, le consentement sera-t-il remplacé par — Actes respectueux à tous les ascendants ou à quelques-uns?—Actes de décès de tous les ascendants ou de quelques-uns ? — Preuves d'empêchement de tous les ascendants ou de quelques-uns ?		
§ 6. — *Capacité civique du futur époux français, capacité civique et civile du futur époux étranger* (221, 222). — *Français* (221). Produire permission militaire, ou preuves de l'accomplissement des obligations du recrutement, si le futur a plus de 20 ans et moins de 45 ans. *Etranger* (222). Produire certificat d'aptitude légale.		
§ 7. — *Individualité de la future* (188, 223, 224). Produire acte de naissance, *ou* procès-verbal d'abandon, *ou* acte de notoriété.		
§ 8. — *Domicile de la future* (189, 225). Produire certificat du propriétaire ou de voisins, dûment légalisé.		
§ 9. — *Capacité civile de la future* (190 à 192, 226 à 229). La future a-t-elle, d'après son acte de naissance, atteint l'âge légal de 15 ans? (Si non, voyez § 11). *Si la future a déjà été mariée.* Produire — Acte de décès du précédent mari, — *ou* Jugement annulant le précédent mariage de la future — *ou* Acte de divorce. Y a-t-il dix mois écoulés depuis la dissolution du mariage ?		
§ 10. — *Filiation de la future. Son état de dépendance à l'égard de ses parents. Consentement de ceux-ci, ou pièces qui tiennent lieu du consentement* (193, 194, 230 à 234 *bis*). Le consentement des père et mère (ou de ceux qui les remplacent) sera-t-il donné par leur présence au mariage? ou par acte? ou par simple production de délibération ? Ou bien le consentement sera-t-il remplacé par — Actes respectueux à tous les ascendants ou à quelques-uns? — Actes de décès de tous les ascendants ou de quelques-uns? — Preuves de l'empêchement de tous les ascendants ou de quelques-uns ?		
§ 11. — *Parenté entre les deux futurs. Manque d'âge ou d'autres conditions civiles légales. Levée de prohibitions* (235 à 239). Produire arrêté portant la dispense. Y a-t-il parenté non prohibée, ou seulement apparence de parenté entre les futurs ?	. . . .	

Note-Répertoire. (Formule 47, suite).

DÉTAIL des renseignements et pièces nécessaires pour la célébration des mariages, dans l'ordre des situations résumées sous le n° 205, paragraphe B de la Science du praticien de l'état civil.	RENSEIGNEMENTS ET PIÈCES NÉCESSAIRES pour le présent mariage.	MENTION de la PRODUCTION FAITE
§ 12. — *Publications. Absence d'oppositions, ou levée des oppositions faites* (240 à 245). Produire — Certificats de publication et de non-oppositions délivrés, trois jours après la dernière publication, par les maires des communes où les futurs époux ont leurs domiciles, ainsi que par les maires des communes où demeurent les personnes dont les futurs dépendent pour se marier (Voir l'indication de ces mairies à la page qui précède le présent tableau). — Dispense de seconde publication, — Mainlevée des oppositions faites. — Preuve de l'impraticabilité des publications à l'étranger.		

§ 13. — *Authenticité des pièces produites. Défauts à courrir. Déclarations concernant des pièces non produites* (246 à 257). Toutes les pièces produites ont-elles été soumises aux formalités de légalisation, de timbre et d'enregistrement auxquelles elles sont assujetties ?

(Le seul examen des pièces par l'officier de l'état civil lui suffira pour en juger.)

Dates des actes de décès de précédents conjoints ou d'ascendants qui sont incrits à la mairie du lieu du mariage et qui doivent être énoncés dans l'acte de mariage.

Y a-t-il dans ces actes et dans les pièces produites des différences légères pouvant être l'objet de déclarations indiquées dans l'avis du Conseil d'État du 19-30 mars 1808 ?

(L'officier de l'état civil seul tranchera cette question, après avoir examiné les actes et les pièces, et refusera d'admettre les actes et pièces où se trouveraient des différences graves nécessitant rectification par jugement.)

Y a-t-il impossibilité pour les parties de se procurer des actes de décès? Lesquels? et pour quelle cause ?

Pourra-t-il être passé outre au moyen d'une déclaration conforme à celle indiquée par l'avis du Conseil d'État du 27 messidor-4 thermidor an XIII ?

§ 14. — *Contrat de mariage* (258). Y a-t-il contrat de mariage attesté par certificat de notaire ?

§ 15. — *Consentement des contractants* (262). Les futurs époux sont-ils en état de contracter librement et de s'expliquer clairement à ce sujet ?

(L'officier de l'état civil doit prendre les moyens nécessaires pour juger ce fait sans questionner personne.)

§ 16. — *Légitimation d'enfants* (263). La notice (formule 49) remise à chacun des futurs époux pour leur indiquer les justifications et pièces restant à produire par eux a appelé leur attention sur ce sujet. Ont-ils annoncé qu'il y a lieu à légitimation ?

S'il y a des enfants à légitimer. Les futurs ont-ils produit les bulletins de naissance des enfants à légitimer ?

Ont-ils l'intention de faire enregistrer l'expédition de l'acte de mariage ?

Ont-ils confié au maire le soin de remplir toutes les formalités nécessaires et versé la dépense dans ses mains ?

Ont-ils, à cet effet, signé à l'avance et remis au maire leur réquisition de mentionner la légitimation en marge des actes de naissance ?

(Indiquer ci-contre, pour les insérer dans l'acte de mariage, les renseignements nécessaires concernant chaque enfant, savoir : son sexe, ses prénoms, nom, date et lieu de naissance.)

§ 17. — *Publicité. Témoins. Lecture. Signatures* (265, 267). Rendre à la mairie, dûment rempli, le cadre se trouvant sur la notice (formule 49) mentionnée au paragraphe ci-dessus, destiné à énoncer les prénoms, noms, professions, âges et domiciles des quatre témoins ; à indiquer s'ils sont parents ou alliés des parties, de quel côté et à quel degré, et à faire connaître aussi celles des parties et ceux des témoins qui ne peuvent signer, avec la cause de l'empêchement de chacun.

N. B. — *En cas d'indigence* (164). Les futurs époux doivent produire le certificat prescrit par l'art. 6 de la loi du 10 décembre 1850 (V. form. 46) en autant d'exemplaires que la situation l'exige.

OBJET.	Nᵒˢ DE la Science	Formules correspondant, pour le texte, aux numéros de *la Science du praticien de l'état civil*, 3ᵉ partie.

Note officielle pour les publications de mariage que les futurs époux ont à faire faire dans une municipalité autre que celle de la célébration. — 166

FORMULE 48.

—

DÉPARTEMENT de	COMMUNE de ——	ARRONDISSEMENT de

Monsieur le Maire d   est prié de faire, dans sa commune, la publication de mariage ci-dessous et de délivrer, à l'expiration du délai fixé en l'article 64 du Code civil, le certificat de publication et de non-opposition indiqué en l'article 69 dudit Code, lequel certificat devra être légalisé (1).

Il y a promesse de mariage entre

Prénoms, nom et profession du futur, ses titres et décorations s'il en a. — 181 — **M**

Domicile du futur. — 182 — demeurant

Sa qualité de mineur, mineur quant au mariage, ou majeur. — 183 — m

Son état de veuf ou d'époux divorcé, avec indication des prénoms et nom de sa précédente épouse. — 185

Filiation du futur (prénoms, noms, professions de ses père et mère, leur domicile s'ils existent, mention qu'ils sont décédés ou empêchés, s'il y a lieu). — 186, 187 — fils de

Désignation des personnes remplaçant les père et mère, si c'est à la municipalité de leur domicile que la publication est à faire. — 187 obs.

Prénoms, nom, profession de la future. — 188 — **Et D**

Son domicile. — 189 — demeurant

Sa qualité de mineure ou majeure. — 190 — m

Son état de veuve ou d'épouse divorcée, avec indication des prénoms et nom du précédent époux. — 192

Filiation de la future (prénoms, noms, professions de ses père et mère, leur domicile s'ils existent, mention qu'ils sont décédés ou empêchés, s'il y a lieu). — 193, 194 — fille de

Désignation des personnes remplaçant les père et mère, si c'est à la municipalité de leur domicile que la publication est à faire. — 194 obs.

La présente note délivrée, conformément au dernier paragraphe de l'avis du Conseil d'Etat du 19-30 mars 1808, par le maire soussigné, qui a reçu la promesse des futurs époux et célébrera leur mariage.

N   , le   18 .

Le Maire,

---

(1) Si un certificat d'indigence conforme aux prescriptions de la loi du 10 décembre 1850 est joint à cette note, on ajoutera : « et dressé sur papier visé pour timbre gratis en vertu du certificat d'indigence ci-joint ».

<table>
<tr><td>OBJET.
—</td><td>N^{os} DE
la Science
—</td><td>Formules correspondant, pour le texte, aux numéros de *la Science du praticien de l'état civil*, 3e partie.</td></tr>
</table>

Notice pour les futurs époux des justifications et pièces qu'il leur reste à produire pour la célébration de leur mariage (1).	167	

FORMULE 49.

—

MAIRIE DE

Mariage projeté entre M.　　　et Mlle

N. B. Le mariage ne pourra être célébré qu'après le délai légal des publications.

En ce qui concerne les publications à faire en cette mairie, ce délai expirera le matin du mercredi ...

Pièces à produire par l　futur
1°

Les certificats de non-opposition constatant les publications faites ailleurs qu'en la commune où doit être célébré le mariage doivent être réclamés, après le mardi qui suit le deuxième dimanche, aux mairies où ces publications ont été faites. Ils doivent être légalisés.

Si les futurs époux font faire un *contrat de mariage*, le certificat du notaire qui aura passé le contrat devra aussi être produit.

Les père et mère ou aïeuls, ou ceux qui les représentent, doivent être présents à la célébration du mariage si les pièces nécessaires concernant leur consentement ne sont pas produites d'avance.

Les futurs époux sont invités : 1° à ne point arrêter le jour de la célébration du mariage avant que toutes les pièces nécessaires aient été produites à la mairie, examinées et reconnues en règle ; 2° à se présenter ensemble (eux ou leurs parents) à la mairie, après la production desdites pièces, de 9 heures du matin à 4 heures du soir, *trois jours d'avance, en rapportant la présente feuille avec les renseignements indiqués au verso*, à l'effet de fixer le jour de la célébration et de se concerter avec l'officier de l'état civil sur l'heure de cette cérémonie légale.

Les personnes qui ont à légitimer des enfants nés avant le mariage doivent en faire d'avance la déclaration, et produire à l'officier de l'état civil qui va célébrer le mariage les bulletins de naissance de ces enfants (lesdits bulletins sont, à cet effet, délivrés sans frais dans les mairies).

L'omission de cette formalité, irréparable après le mariage, priverait ces enfants des avantages que la loi n'accorde qu'aux enfants légitimes ou légitimés.

---

(1) Cette notice se vend en feuilles, 5 centimes l'exemplaire (port en sus), chez M. Miscopein, secrétaire de mairie en retraite, à Nogent-sur-Marne (Seine), et à la librairie Cotillon, Pichon, successeur, à Paris, rue Soufflot, 24.

FORMULE 49 (*Suite*)

—

Renseignements relatifs au mariage projeté
entre M.   et Mademoiselle

—

TÉMOINS DU FUTUR MARIÉ

Premier témoin.

Nom
Prénoms
Age
Profession (et titres s'il y a lieu)
Domicile
(S'il est parent ou allié). Degré de l'alliance ou de la parenté.

Signature du témoin.

Deuxième témoin.

Nom
Prénoms
Age
Profession (et titres s'il y a lieu)
(S'il est parent ou allié). Degré de l'alliance ou de la parenté.

Signature du témoin.

TÉMOINS DE LA FUTURE MARIÉE

Premier témoin.

Nom
Prénoms
Age
Profession (et titres s'il y a lieu).
Domicile
(S'il est parent ou allié). Degré de l'alliance ou de la parenté.

Signature du témoin.

Deuxième témoin.

Nom
Prénoms
Age
Profession (et titres s'il y a lieu).
Domicile
(S'il est parent ou allié). Degré de l'alliance ou de la parenté

Signature du témoin

—

Le futur signe-t-il ?
Son père signe-t-il ?   Quel âge a-t-il ?
Sa mère signe-t-elle ?   Quel âge a-t-elle ?

La future signe-t-elle ?
Son père signe-t-il ?   Quel âge a-t-il ?
Sa mère signe-t-elle ?   Quel âge a-t-elle ?

—

Y a-t-il contrat de mariage ?

<table>
<tr><td>OBJET.
—</td><td>N^{os} DE
la Science
—</td><td>Formules correspondant, pour le texte, aux numéros de la Science du praticien
de l'état civil, 3e partie.</td></tr>
</table>

OBJET.	N^{os} DE la Science	
Acte de la première pu-blication du mariage pro-jeté (A).	176	**FORMULE 50.**

Date de l'acte.	177	L'an mil huit cent quatre-vingt , le dimanche ,
Heure de l'acte.	178	à heure d ,
Prénoms et nom de l'officier d'état civil.	179	Nous ...
Qualité de l'officier d'état civil.	179	

Si c'est le Maire qui dresse l'acte : Maire, officier de l'état civil de la commune de , canton de , arrondissement de , département de ,

En cas de délégation donnée par le Maire à un Adjoint : Adjoint au Maire de la commune de , canton de , arrondissement de , département de , remplis-sant, par suite d'un arrêté de délégation du Maire, en date du , les fonctions d'officier de l'état civil de ladite com-mune (a),

En cas de délégation donnée par le Maire à un Conseiller municipal : Conseiller municipal de la commune de , can-ton de , arrondissement de , département de , remplissant en l'absence (*ou* en l'empêchement des Ad-joints *ou* de l'Adjoint), et en vertu d'une délégation spéciale du Maire, en date du , les fonctions d'officier de l'état civil de ladite commune,

En cas d'absence ou d'empêchement du Maire, sans délégation : (*s'il y a lieu :* Premier *ou* Second) Adjoint, remplissant, par suite d'absence (*ou* d'empêchement) du Maire (*s'il y a lieu :* et du premier Adjoint) les fonctions d'officier de l'état civil de la com-mune de , canton de , arrondissement de , département de ,

En cas d'absence ou d'empêchement du Maire et des Adjoints : Conseiller municipal de la commune de , canton de , arrondissement de , département de , rem-plissant, par suite de l'absence et de l'empêchement du Maire, des Adjoints et des Conseillers les premiers inscrits au tableau des Conseillers municipaux, les fonctions d'officier de l'état civil de ladite commune,

En cas où une Commission spéciale remplace un Conseil mu-nicipal dissous ou dont tous les membres sont démissionnaires : Président (*ou* Vice-Président, en l'absence ou l'empêchement du Président) de la Commission spéciale nommée par décret du , remplissant les fonctions de Maire, officier de l'état civil de la commune de , canton de , arrondissement de , département de ,

---

(A) Voyez le *nota bene* qui suit l'index placé en tête des formules de cette 3e partie.
(a) Cette partie de formule qui s'applique à toutes les communes de France, à l'exception de Paris, est la seule qui soit applicable à Lyon, sauf à substituer aux mots « commune de » ceux de « premier ou deuxième, etc., arrondissement de la ville de . »

OBJET.	N°ˢ DE la Science	Formules correspondant, pour le texte, aux numéros de *la Science du praticien de l'état civil*, 3ᵉ partie.
Acte de la première publication du mariage projeté *(suite)*. (A).		
		En cas où l'acte est dressé par l'Adjoint spécialement nommé pour recevoir les actes d'état civil dans la fraction de commune qu'il habite : Adjoint spécial chargé de remplir les fonctions d'officier de l'état civil dans la section dite , dépendant de la commune de , canton de , arrondissement de , département de :
		Si c'est un Adjoint qui dresse l'acte dans un des arrondissements de Paris : Adjoint au Maire, officier de l'état civil du arrondissement de la Ville de Paris,
Titres honorifiques de l'officier d'état civil, s'il y a lieu.	179	
Mention que la publication est la première.	180	Avons publié et affiché pour la première fois, au devant de la principale porte de la maison commune (b), la promesse du mariage projeté entre ...
Prénoms, nom et profession du futur, ses titres et décorations s'il en a.	181	
Domicile du futur.	182	demeurant
Sa qualité de mineur, mineur quant au mariage, ou majeur.	183	m
Âge du futur (énonciation non obligatoire).	184	âgé de
Son état de veuf ou d'époux divorcé, avec indication des prénoms et nom de sa précédente épouse.	185	
Filiation du futur (prénoms, noms, professions de ses père et mère, leur domicile s'ils existent, mention qu'ils sont décédés ou empêchés s'il y a lieu).	186, 187	fils de
Désignation des personnes remplaçant les père et mère, si c'est à la municipalité de leur domicile que la publication est faite.	187 obs.	
Prénoms, nom et profession de la future.	188	Et ...
Son domicile.	189	demeurant
Sa qualité de mineure ou majeure.	190	m
Son âge (énonciation non obligatoire).	191	âgée de
Son état de veuve ou d'épouse divorcée, avec indication des prénoms et nom de son précédent époux.	192	
Filiation de la future (prénoms, noms, professions de ses père et mère, leur domicile s'ils existent, mention qu'ils sont décédés ou empêchés s'il y a lieu).	193-194	fille de
Désignation des personnes remplaçant les père et mère, si c'est à la municipalité de leur domicile que la publication est faite.	194 obs.	
Rédaction immédiate et signature de l'acte.	195	De laquelle publication nous avons dressé immédiatement le présent acte que nous avons signé.

(A) Voyez le *nota bene* qui suit l'index placé en tête des formules de cette 3ᵉ partie.
(b) Si l'acte est dressé par un adjoint spécial, on remplace ces derniers mots par ceux-ci : « devant la porte de notre habitation servant de maison commune. »

OBJET.	N°ˢ DE la Science	Formules correspondant, pour le texte, aux numéros de *la Science du praticien de l'état civil*, 3ᵉ partie.

Acte de la seconde publication du mariage projeté (A). — 196

FORMULE 51.

Date de l'acte.	197	L'an mil huit cent quatre-vingt , le dimanche
Heure de l'acte.	198	à heure
Prénoms, nom, qualité de l'officier de l'état civil, avec ses titres honorifiques s'il y a lieu (comme en la formule 50.)	199	Nous …
Mention que la publication est la seconde.	200	avons publié et affiché, pour la seconde fois, au devant de la porte principale de la maison commune (a), la promesse déjà publiée le dimanche , ainsi que l'a constaté l'acte dressé à cette date dont un extrait a été aussitôt et est resté jusqu'à présent affiché audit endroit, du mariage projeté entre
(Mêmes énonciations que celles indiquées nᵒˢ 181 à 195 dans la formule 50.)		

De laquelle publication nous avons dressé immédiatement le présent acte que nous avons signé.

Affiche de publication du mariage projeté. — 174

FORMULE 52.

DÉPARTEMENT de	MAIRIE de ——	ARRONDISSEMENT de

ᵉ PUBLICATION.

Il y a promesse de mariage

Entre

Prénoms, nom et profession du futur, ses titres et décorations s'il en a.	181	M
Domicile du futur.	182	demeurant
Sa qualité de mineur, mineur quant au mariage, ou majeur.	183	m
Son état de veuf ou d'époux divorcé, avec indication des prénoms et nom de la précédente épouse.	185	
Filiation du futur (prénoms, noms, professions de ses père et mère, leur domicile s'ils existent, mention qu'ils sont décédés ou empêchés, s'il y a lieu).	186, 187	fils de
Désignation des personnes remplaçant les père et mère, si c'est à la municipalité de leur domicile que la publication est faite.	187 obs.	

(A) Voyez le *nota bene* qui suit l'index placé en tête des formules de cette 3ᵉ partie.
(a) Si l'acte est dressé par un adjoint spécial, on remplace ces derniers mots par ceux-ci : « devant la porte de notre habitation servant de maison commune. »

OBJET.	Nᵒˢ DE la Science	Formules correspondant, pour le texte, aux numéros de *la Science du praticien de l'état civil,* 3ᵉ partie.
Prénoms, nom et profession de la future.	188	Et d
Son domicile.	189	demeurant
Sa qualité de mineure ou majeure.	190	m
Son état de veuve ou d'épouse divorcée, avec indication des prénoms et nom du précédent époux.	192	
Filiation de la future (prénoms, noms, professions de ses père et mère, leur domicile s'ils existent, mention qu'ils sont décédés ou empêchés, s'il y a lieu).	193 194	
Désignation des personnes remplaçant les père et mère, si c'est à la municipalité de leur domicile que la publication est faite.	194 obs.	

Certifié et publié par nous, Maire, Officier de l'état civil.

N   , le dimanche   18   .

Le Maire,

Acte de transcription sommaire d'une opposition à mariage (A).	202	**FORMULE 53.**

Nᵒ

OPPOSITION AU MARIAGE

X et Y.

(*a*)

Date, mois, année et heure de l'acte.	34	L'an mil huit cent quatre-vingt , le , à heure ,
Prénoms et nom de l'officier d'état civil.	36	Nous ...
Qualité de l'officier de l'état civil.	36	*Si l'acte est dressé par le Maire :* Maire, officier de l'état civil de la commune de , canton de , arrondissement de , département de , *Si l'acte est dressé par un autre officier public, se conformer aux indications de la formule* 50, *suivant le cas.*
Ses titres honorifiques s'il y a lieu.	38	

avons reçu copie de l'exploit de   , huissier à   , en date de ce jour, par lequel   (*prénoms, nom, profession et domicile de l'opposant*) s'oppose, en sa qualité de   , au mariage projeté entre le sieur   et la dame   , dont la première publication a été faite à notre Mairie le dimanche   , d'après l'acte inscrit nᵒ   ci-dessus. Après avoir visé l'original dudit exploit [*s'il y a lieu ajouter :* et y avoir mentionné que déjà nous avons délivré aux parties un certificat constatant qu'aucune opposition ne nous était parvenue], nous avons dressé le présent acte de constatation que nous avons

Signature de l'acte.	45	signé (*b*).

(A) Voyez le *nota bene* qui suit l'index placé en tête des formules de cette 3ᵉ partie.

(*a*) Cette inscription doit être mise en marge du présent acte de transcription, au niveau du commencement de cet acte.

(*b*) OBSERVATION. — C'est en marge du présent acte de transcription que l'acte ou le jugement prononçant mainlevée de l'opposition devra être mentionné.

Cette opposition doit être signalée en marge de l'acte de première publication par une note ainsi conçue : « Voir opposition inscrite sous le nᵒ   du présent registre. »

<table>
<tr><td>OBJET.</td><td>N^{os} DE
la Science</td><td>Formules correspondant, pour le texte, aux numéros de la Science du praticien
de l'état civil, 3e partie.</td></tr>
</table>

OBJET.	Nᵒˢ DE la Science	Formules correspondant, pour le texte, aux numéros de *la Science du praticien de l'état civil*, 3ᵉ partie.
Mention de mainlevée d'opposition à mariage.	203	**FORMULE 54.**

Mainlevée d'opposition. Par acte passé devant maître notaire à , le *(ou par exploit de , huissier à , en date du ou par jugement du tribunal de première instance de , en date du), il a été donné mainlevée de l'opposition inscrite ci-contre. Mention faite par nous , Maire, officier de l'état civil, ce mil huit cent quatre-vingt .

| **Certificat** de publication de mariage et de non-opposition. | 204 | **FORMULE 55.** |

| DÉPARTEMENT
de | COMMUNE de
—— | ARRONDISSEMENT
de |

Le Maire de la commune de , canton de , arrondissement de , département de ,

Certifie que les publications du mariage projeté entre

Prénoms, nom et profession du futur, ses titres et décorations s'il en a.	181	M
Domicile du futur.	182	demeurant
Sa qualité de mineur, mineur quant au mariage, ou majeur.	183	m
Son état de veuf ou d'époux divorcé, avec indication des prénoms et nom de la précédente épouse.	185	
Filiation du futur (prénoms, noms, professions de ses père et mère, leur domicile s'ils existent, mention qu'ils sont décédés ou empêchés s'il y a lieu).	186	fils de
Prénoms, nom et profession de la future.	188	Et d
Son domicile.	189	demeurant
Sa qualité de mineure ou majeure.	190	m
Son état de veuve ou d'épouse divorcée, avec indication des prénoms et nom du précédent époux.	192	
Filiation de la future (prénoms, noms, professions de ses père et mère, leur domicile s'ils existent, mention qu'ils sont décédés ou empêchés s'il y a lieu).	193 194	fille de

ont été faites les dimanches mil huit cent quatre-vingt , à la principale porte de la Mairie de ladite commune de , où elles sont restées affichées pendant les huit jours d'intervalle, conformément aux articles 63 et 64 du Code civil, et qu'il n'est survenu aucune opposition au mariage.

Fait en Mairie à , le mil huit cent quatre-vingt .

Le Maire,

OBJET. --	N°ˢ DE la Science —	Formules correspondant, pour le texte, aux numéros de *la Science du praticien de l'état civil,* 3ᵉ partie.

Certificat de publications de mariage relatant des oppositions — 204

FORMULE 56.

—

DÉPARTEMENT   COMMUNE de   ARRONDISSEMENT

de   ——   de

Le Maire de la commune de , canton de ,
arrondissement de , département de ,
Certifie que les publications du mariage projeté entre :
(*Désigner le futur et la future avec leur filiation et tous les autres renseignements indiqués dans la formule 55 ci-dessus.*)
ont été faites les dimanches mil huit cent quatre-vingt
, à la principale porte de la mairie de ladite commune de
, où elles sont restées affichées pendant les huit jours d'intervalle, conformément aux articles 63 et 64 du Code civil, et qu'il n'est survenu aucune autre opposition que celle qui a été signifiée au Maire de cette commune par (*prénoms, nom, profession, domicile et qualité prise par l'opposant*), aux termes d'un exploit de , huissier à , en date du ,

Fait à , le mil huit cent quatre-vingt .

Le Maire,

FORMULE 57.

—

Acte de mariage [cadre invariable (1), (A), (B)]. — 205

Date, mois, année et heure de l'acte. — 206

Lieu de la célébration du mariage. — 207

Prénoms, nom, titres honorifiques, s'il y a lieu, et qualité de l'officier d'état civil suivant les indications de la formule 58. — 208

Prénoms et nom du futur. — 209
Sa profession. — 210
Son domicile. — 211
Sa qualité de mineur, mineur quant au mariage, ou majeur. — 212
Son âge. — 213
Lieu et date de sa naissance. (215) — 214
Filiation du futur (prénoms, noms et professions de ses père et mère et, s'ils sont vivants, leurs âges et leur domicile (C). — 216

L'an mil huit cent , le , à heure
d ,
En la maison commune (*sauf le cas de mariage* in extremis) et par-devant nous ...
officier de l'état civil de la commune de , canton de , arrondissement de , département de , sont comparus :

demeurant à
m
âgé de
né à , département de , le
fils

---

(1) Ce cadre invariable, rempli simplement des énonciations indiquées en toutes lettres en marge et dans les deux renvois C, D, formera l'acte de mariage complet d'un homme et d'une femme majeurs qui sont tous les deux enfants naturels non reconnus et qui ont leur domicile de droit établi depuis plus de six mois dans la commune où ils se marient.
(A) Voyez le *nota bene* qui suit l'index placé en tête des formules de cette 3ᵉ partie.
(B) Les numéros mis entre parenthèses se rapportent à des circonstances qui ne se rencontrent pas pour tous les mariages. Ils sont rappelés seulement ici pour ordre. On en voit la signification dans la formule universelle n° 58.
(C) Si le futur est enfant naturel non reconnu, on se bornera à écrire ici : « fils naturel non reconnu de (prénoms et nom de la mère désignée dans l'acte de naissance) ; on ajoutera le mot « décédée » si le décès de la mère est connu, et l'on ne fera aucune mention de sa profession ni de son domicile, connus ou inconnus.

OBJET.	Nᵒˢ DE la Science	Formules correspondant, pour le texte, aux numéros de *la Science du praticien de l'état civil*, 3ᵉ partie.
Acte de mariage (cadre invariable, form. 57, *suite*). (A), (B).		
(217, 218, 219, 220, 234 *ter* et tab. syn.).		
(221, 222)		
Prénoms et nom de la future.	223	Et
Sa profession.	224	
Son domicile.	225	demeurant à
Sa qualité de mineure ou majeure.	226	m
Son âge.	227	âgée de
Lieu et date de sa naissance.	228	née à , département de , le
(229)		
Filiation de la future (prénoms noms, professions de ses père et mère et, s'ils sont vivants, leurs âges et domicile (D).	230	fille
(231, 232, 233, 234 bis, 234 *ter* et tab. syn.).		
(233 à 239)		Lesquels
Dates des publications faites dans la commune où est célébré le mariage.	240	nous ont requis de procéder à la célébration du mariage projeté entre eux, dont les publications ont été faites à la mairie de , les dimanches , ainsi que le constatent les actes inscrits à ces dates sur le registre des publications de cette commune, dont nous avons donné lecture,
(241, 242)		
Mention de l'absence d'opposition entre les mains de l'officier de l'état civil ou de la mainlevée des oppositions qui lui ont été signifiées.	243	Aucune opposition ne nous ayant été signifiée,
		Nous, officier de l'état civil, faisant droit à la réquisition des parties,
		Vu
(244, 245)		
Visa de l'acte de naissance du futur ou de l'acte qui en tient lieu.	246	
(247)		
Visa de l'acte de naissance de la future ou de l'acte qui en tient lieu.	248	
(249 à 252)		
Mention de la lecture donnée par l'officier de l'état civil des pièces produites, du paraphe de ces pièces et de leur annexe.	253	de toutes lesquelles pièces, paraphées conformément à la loi pour rester annexées au présent acte de mariage, nous avons aussi donné lecture
(254, 255, 256, 257, 257 *bis*)		
Déclaration faite touchant l'existence ou la non-existence d'un contrat de mariage.	258 A	Après avoir reçu des futurs époux
(258 B)	258 C	la déclaration qu'il été fait contrat de mariage
(258 D)		
Mention de la lecture donnée par l'officier d'état civil des articles de la loi réglant les droits et les devoirs respectifs des époux.	259	Avons lu aux parties les dispositions du Code civil comprises sous le chapitre VI du titre du mariage concernant les droits et les devoirs respectifs des époux
Déclaration des contractants de se prendre pour époux.	260	et avons demandé au futur époux et à la future épouse s'ils voulaient se prendre pour mari et pour femme. Chacun d'eux ayant répondu séparément et affirmativement
Prononcé de l'union par l'officier d'état civil.	261	nous avons prononcé, au nom de la loi, que *(prénoms et nom du futur)* et *(prénoms et nom de la future)* sont unis par le mariage.
(262) (263)		
Publicité de la célébration.	264	Le tout a été fait publiquement
Témoins.	265	et en présence de
Lecture de l'acte.	266	Après lecture à eux faite du présent acte
Signatures.	267	les parties et les témoins l'ont signé avec nous.

(A), (B). Voyez les notes correspondant à ces lettres au bas de la page précédente.
(D) Même observation qu'au renvoi C pour la future, si elle est enfant naturelle non reconnue.

OBJET.	N⁰ˢ DE la Science	Formules correspondant, pour le texte, aux numéros de *la Science du praticien de l'état civil*, 3ᵉ partie.

Acte de mariage (formule universelle) (A).

FORMULE 58 (*complétée par un appendice*).

§ 1. — Date, mois, année et heure de l'acte de mariage. — 206

L'an mil huit cent quatre-vingt   , le   ,
à   heure   d   ,

Lieu de la célébration. — 207

En la maison commune

Ou, si l'acte est dressé par l'adjoint spécial de la section : En la maison d'habitation de l'adjoint spécial ci-après nommé,

Ou, dans le cas de mariage in extremis : Au domicile du sieur   (*ou de la dame*   ), sis à   , rue   , n°   , où l'officier de l'état civil ci-après nommé s'est transporté, vu l'état de grave maladie atteignant le corps, mais non l'esprit ni l'entendement dudit sieur (*ou de ladite dame*   ), lequel état est constaté par un certificat délivré par le sieur   , docteur en médecine à   , en date du   , enregistré à   , le   , folio   case   , au droit de   francs   centimes ;

Prénoms et nom de l'officier de l'état civil. — 208

Et par-devant nous ...

Qualité de l'officier d'état civil. — 208

Si c'est le Maire qui dresse l'acte : Maire, officier de l'état civil de la commune de   , canton de   , arrondissement de   , département de   ,

En cas de délégation donnée par le Maire à un Adjoint : Adjoint au Maire de la commune de   , canton de   , arrondissement de   , département de   , remplissant, par suite d'un arrêté de délégation du Maire en date du   , les fonctions d'officier de l'état civil de ladite commune (a),

En cas de délégation donnée par le Maire à un Conseiller municipal : Conseiller municipal de la commune de   , canton de   , arrondissement de   , département de   , remplissant en l'absence (*ou* en l'empêchement) des adjoints (*ou* de l'adjoint) et en vertu d'une délégation spéciale du Maire, en date du   , les fonctions d'officier de l'état civil de ladite commune,

En cas d'absence ou d'empêchement du Maire, sans délégation : (*S'il y a lieu :* Premier *ou* deuxième) Adjoint au Maire, remplissant par suite d'absence (*ou* d'empêchement) du Maire (*S'il y a lieu :* et du premier Adjoint), les fonctions d'officier de l'état civil de la commune de   , canton de   , arrondissement de   , département de   ,

---

(A) Voyez le *nota bene* qui suit l'index placé en tête des formules de cette 3ᵉ partie.

(a) Cette partie de formule, qui s'applique à toutes les communes de France, à l'exception de Paris, est la seule qui soit applicable à Lyon, sauf à substituer aux mots « commune de   » ceux de « premier ou second, etc., arrondissement de la ville de   . »

OBJET.	Nᵒˢ DE la Science	Formules correspondant, pour le texte, aux numéros de *la Science du praticien de l'état civil*, 3ᵉ partie.

Acte de mariage (formule universelle, nᵒ 58, *suite*), (A).

En cas d'absence ou d'empêchement du Maire et des Adjoints, sans délégation : Conseiller municipal de la commune de   , canton de   , arrondissement de   , département de   , remplissant, par suite de l'absence et de l'empêchement du Maire, des Adjoints et des Conseillers les premiers inscrits au tableau des Conseillers municipaux, les fonctions d'officier de l'état civil de ladite commune,

Dans le cas où une commission spéciale remplace un Conseil municipal dissous ou dont tous les membres sont démissionnaires : Président (*ou* Vice-Président en l'absence, *ou* l'empêchement du Président) de la commission spéciale nommée par décret du   , remplissant les fonctions de Maire, officier de l'état civil de la commune de   , canton de   , arrondissement de   , département de   ,

Lorsque l'acte est dressé par l'adjoint spécialement nommé pour recevoir les actes d'état civil dans la fraction de commune qu'il habite : Adjoint spécial chargé de remplir les fonctions d'officier de l'état civil dans la section dite   , dépendant de la commune de   , canton de   , arrondissement de   , département de   ,

Si c'est un Adjoint qui dresse l'acte dans un des arrondissements de Paris : Adjoint au Maire, officier de l'état civil du arrondissement de la ville de Paris,

Titres honorifiques de l'officier de l'état civil, s'il y a lieu. — **208**

Sont comparus,

§ 2. — Prénoms et nom du futur. — **209**
Profession du futur, avec indication des titres nobiliaires ou honorifiques, s'il en a. — **210**

§ 3. — Domicile du futur. — **211**

domicilié de droit depuis   , à   (*Si ce domicile n'a pas six mois de durée, ajouter* : auparavant, pendant plus de six mois, à   ),

Si le mariage est célébré dans une simple résidence du futur, ajouter encore : et résidant de fait, depuis   mois, à   ,

§ 4. — Qualification du futur époux comme mineur, mineur quant au mariage, ou majeur. — **212**

Age du futur. — **213**
Lieu et date de sa naissance. — **214**

âgé de   ans,
né à   , département de   , le

Ou, si le futur est enfant abandonné : supposé né à   , département de   , vers le   , ainsi qu'il résulte d'un procès-verbal d'abandon inscrit, conformément à l'article 58 du Code civil, sur le registre des actes de naissance de ladite commune, le

Ou, s'il n'a été dressé ni acte de naissance ni procès-verbal d'abandon : né à   , département de   , le   , ainsi qu'il résulte d'un acte de notoriété dressé pour suppléer

(A) Voyez le *nota bene* qui suit l'index placé en tête des formules de cette 3ᵉ partie.

| OBJET. | N^{os} DE la Science | Formules correspondant, pour le texte, aux numéros de *la Science du praticien de l'état civil*, 3e partie. |

Acte de mariage (formule universelle, n° 58, *suite*), (A).

l'acte de naissance, par le juge de paix du canton de   , en date du   , homologué par jugement du tribunal de première instance , séant à   , en date du

Si le précédent mariage du futur a été dissous,

Etat du futur à l'égard de la dissolution d'un précédent mariage, s'il y a lieu.

215

— 1. *Par suite de décès :* veuf de   (*prénoms et nom*), décédée à   , département de   , le   ;

— 2. *Par suite de jugement d'annulation:* ayant précédemment contracté avec   (*prénoms et nom*) un mariage qui a été annulé, ainsi qu'il résulte d'un jugement rendu le   , par le tribunal civil de   , duquel jugement transcrit sur les registres de la commune de   où le mariage avait été célébré, une expédition délivrée par le Maire de la susdite commune nous a été produite ;

— 3. *Par suite de divorce :* ayant précédemment contracté avec   (*prénoms et nom*) un mariage qui a été dissous par le divorce, *soit :* aux termes d'un jugement en date du   transcrit sur les registres de l'état civil de   , département de   , le   , de laquelle transcription le futur époux nous a produit l'expédition dûment enregistrée, avec copie des certificats de signification et de non-opposition ni appel, — *soit :* aux termes d'un acte de divorce dressé par l'officier de l'état civil de   , département de   , le   , dont le futur époux nous a produit l'expédition enregistrée, relatant le jugement sur lequel l'acte est basé et rappelant la signification de ce jugement, ainsi que le certificat de non-opposition ni appel. (*Si le jugement qui a été transcrit ou qui a servi de base à l'acte de divorce n'est devenu définitif qu'après arrêt d'appel, ou même arrêt de la Cour de cassation, on remplacerait la fin de la phrase par ceci :* dont le futur époux nous a produit l'expédition relatant l'arrêt de la Cour d'appel et l'arrêt de la cour de cassation qui ont suivi ledit jugement ;

§ 5. — Filiation du futur.

216

Si le futur époux est enfant légitime, ayant ses père et mère existants : fils de   (*prénoms, nom, profession, âge du père*) et de   (*prénoms, nom, profession et âge de la mère*), son épouse, demeurant ensemble à   ,

(*Pour les autres cas de filiation, se reporter à celle des situations filiales qui répond à la situation personnelle du futur, dans le tableau synoptique placé à la fin de la présente formule, et suivre le libellé auquel renvoie la lettre alphabétique correspondante.*)

Accomplissement des devoirs filiaux justifié par le consentement des parents du futur.

217

Si les père et mère sont présents et consentent au mariage : tous les deux ici présents et consentants.

(*Pour les autres cas de consentement, insérer dans la formule de filiation correspondant au tableau synoptique placé à la suite de la présente formule d'acte, et à l'endroit du renvoi 217 qu'elle porte, celle des cinq énonciations de ce renvoi qui s'applique à la situation du futur.*)

(A) Voyez le *nota bene* qui suit l'index placé en tête des formules de cette 3e partie.

ОBJET.	N°ˢ DE la Science	Formules correspondant, pour le texte, aux numéros de *la Science du praticien de l'état civil*, 3ᵉ partie

Acte de mariage (formule universelle, nº 58, — *suite*) (A).

Accomplissement des devoirs filiaux justifié par des actes respectueux faits aux parents du futur. — **218** — *Si le futur époux, enfant légitime, âgé de plus de 25 ans et de moins de 30 ans, n'a pas obtenu le consentement de ses père et mère et leur a fait des actes respectueux, substituer à la formule du nº 217 celle-ci :* ledit comparant agissant en vertu des droits que lui donne son âge, en raison de ce qu'il a en vain demandé à ses père et mère leur consentement, aux termes de trois actes respectueux notifiés par maître   , notaire à   , les   , et à nous produits.

(Pour les autres cas d'actes respectueux, insérer dans la formule de filiation correspondant au tableau synoptique placé à la suite de la présente formule d'acte, et à l'endroit du renvoi 218 qu'elle porte, celle des trois énonciations de ce renvoi qui s'applique à la situation du futur.)

Décès des ascendants du futur. — **219** — *Si les père et mère sont décédés, on ajoute à la suite de la profession de chacun d'eux, dans la formule 216 ci-dessus, les mots* décédé à   , département de   , le   , *et on retranche de cette formule l'indication de l'âge et du domicile.*

(Pour les cas de décès d'autres ascendants, ajouter à la formule de filiation correspondant au tableau synoptique placé à la suite de la présente formule d'acte et à l'endroit du renvoi 219 qu'elle porte l'indication des lieux et dates de décès des ascendants qui sont décédés.)

Empêchements physiques ou légaux des ascendants du futur. — **220** — *Si le père du futur époux est empêché, par suite d'absence déclarée ou ayant fait l'objet d'un jugement d'enquête, on retranche de la formule nº 216 ci-dessus l'indication de son âge et de son domicile, et on y substitue l'énonciation suivante :* absent, ainsi qu'il résulte d'un jugement rendu le   , par le tribunal civil de   , et à nous produit.

(Pour les autres cas d'empêchement, ajouter à la formule de filiation correspondant au tableau synoptique placé à la fin de la présente formule d'acte et à l'endroit du renvoi 220 qu'elle porte celle des cinq énonciations de ce renvoi qui s'applique à la situation du futur.)

Liberté filiale, résultant du statut personnel de l'étranger. — **220 *bis*** — *Substituer à la formule 216 ci-dessus la formule Zᵘ, correspondant au tableau synoptique placé à la fin de la présente formule d'acte.*

§ 6. — Français. La permission nécessaire, s'il est militaire. — **221** — *A. Officier, intendant, chirurgien.* Ledit sieur   , autorisé à contracter le présent mariage par permission du ministre de la guerre (ou de la marine) en date du   , qu demeurera ci-annexée.

Bᵗ. Sous-officier, soldat au corps ou en congé temporaire. Ledit sieur   , autorisé à contracter le présent mariage par permission du conseil d'administration du corps, en date du   , qui demeurera ci-annexée.

(A) Voyez le *nota bene* qui suit l'index placé en tête des formules de cette 3ᵉ partie.

OBJET. —	Nᵒˢ DE la Science —	Formules correspondant, pour le texte, aux numéros de *la Science du praticien de l'état civil*, 3ᵉ partie.

Acte de mariage (formule universelle, nº 58, — *suite*) (A).

B². Sous-officier ou soldat remplissant une fonction détachée, en vertu d'une commission spéciale. Ledit sieur   autorisé à contracter le présent mariage par permission du général commandant la subdivision régionale où il est de service, laquelle permission, en date du   , demeurera ci-annexée.

C¹. Marin de l'inscription maritime. Ledit sieur   autorisé à contracter le présent mariage par permission du conseil d'administration du bâtiment   (ou de la division navale de   ) en date du   , qui demeurera ci-annexée.

C². Agent appartenant au personnel entretenu de la marine. Ledit sieur   autorisé à contracter le présent mariage, aux termes de la permission qui lui a été délivrée à la date du   , par le préfet maritime de   (ou par le directeur de l'établissement de   avec le visa du préfet maritime de   ) et qui demeurera ci-annexée.

D. Soldat de la classe, non encore immatriculé. Ledit sieur   , soldat non encore immatriculé, autorisé à contracter le présent mariage par permission du général commandant le   corps d'armée en date du   , qui demeurera ci-annexée.

Etranger. Autorisation ou certificat d'aptitude légale. — 222

1º *Si les lois de son pays l'obligent à obtenir l'autorisation de son gouvernement.* Ledit comparant muni, pour le présent mariage, de l'autorisation qui lui a été délivrée au nom du Gouvernement   par   , aux termes d'un acte signé de ce fonctionnaire le   , revêtu du timbre national français de   franc   centimes, et portant la mention suivante : Enregistré à   , le   folio   , case   Reçu   francs   centimes, signé   , laquelle autorisation, à nous produite, demeurera ci-annexée.

2º *Si les lois du pays du futur ne l'astreignent à aucune autorisation et ne portent aucune prohibition pour cause civique ou civile.* Ledit comparant apte, d'après les lois de son pays, à contracter valablement le présent mariage, ainsi qu'il résulte d'un certificat délivré par l'ambassadeur (ou chargé d'affaires) de   à Paris, le   , timbré au timbre de France, enregistré à   , le   , folio   , case   au droit de   franc   centimes, et qui demeurera ci-annexé.

§ 7. — Prénoms et nom de la future. — 223

Profession de la future. — 224

§ 8. — Domicile de la future. — 225

domiciliée de droit, depuis   , à   . *Si ce domicile n'a pas six mois de durée, ajouter :* auparavant, pendant plus de six mois, à   . *Et si le mariage est célébré dans une simple résidence de la future, ajouter encore :* et résidant de fait, depuis   mois, à   ,

§ 9. — Qualification de la future somme mineure ou majeure. — 226

m

(A) Voyez le *nota bene* qui suit l'index placé en tête des formules de cette 3ᵉ partie.

OBJET.	Nᵒˢ DE le Science	Formules correspondant, pour le texte, aux numéros de *la Science du praticien de l'état civil*, 3ᵉ partie.

Acte de mariage (formule universelle, nᵒ 58, — *suite*)(A).

Age de la future. — 227 — âgée de   ans,

Lieu et date de naissance de la future. — 228 — née à   , département de   , le   ,

ou, *si la future est enfant abandonnée :* supposée née à   , département de   , vers le   , ainsi qu'il résulte d'un procès-verbal d'abandon inscrit conformément à l'article 58 du Code civil, sur le registre des actes de naissance de ladite commune de   , le

ou, *s'il n'a été dressé ni acte de naissance ni procès-verbal d'abandon :* née à   , département de   , le   , ainsi qu'il résulte d'un acte de notoriété dressé pour suppléer l'acte de naissance, par le juge de paix du canton de   , en date du   ,

État de la future à l'égard de la dissolution d'un précédent mariage, s'il y a lieu. — 229 — *Si le précédent mariage de la future a été dissous.*
— *Par suite de décès :* veuve de   (*prénoms et nom*) décédé à   le
—. *Par suite de jugement d'annulation :* (comme au nᵒ 215-2).
— *Par suite de divorce :* (comme au nᵒ 215-3).

§ 10. — Filiation de la future. — 230 — *Si la future épouse est enfant légitime ayant ses père et mère existants :* fille de   (*prénoms, nom, profession, âge du père*) et de   (*prénoms, nom, profession, âge de la mère*), son épouse, demeurant ensemble à   ,

(*Pour les autres cas de filiation, se conformer à la formule correspondant à l'état filial de la future, indiqué au tableau synoptique qui se trouve à la fin de la présente formule d'acte.*)

Accomplissement des devoirs filiaux justifié par le consentement des parents de la future. — 231 — *Si les père et mère sont présents et consentent au mariage :* tous les deux ici présents et consentants.

(*Pour les autres cas de consentement, insérer dans la formule de filiation correspondant au tableau synoptique qui se trouve à la fin de la présente formule d'acte et à l'endroit du renvoi 231 qu'elle porte celle des cinq énonciations de ce renvoi qui s'applique à la situation de la future.*)

Accomplissement des devoirs filiaux justifié par des actes respectueux faits aux parents de la future. — 232 — *Si la future épouse, enfant légitime âgée de plus de 21 ans et de moins de 25 ans, n'a pas obtenu le consentement de ses père et mère et leur a fait des actes respectueux, substituer à la formule du nᵒ 231 ci-dessus celle-ci :* ladite comparante agissant en vertu des droits que lui donne son âge, en raison de ce qu'elle a en vain demandé à ses père et mère leur consentement, aux termes de trois actes respectueux notifiés par maître   , notaire à   , les   , et à nous produits.

Décès des ascendants de la future. — 233 — *Si les père et mère sont décédés, on ajoute à la suite de la profession de chacun d'eux, dans la formule 230 ci-dessus :* décédé à   , département de   , le   ; *et on retranche de cette formule l'indication de l'âge et du domicile.*

(A) Voyez le *nota bene* qui suit l'index placé en tête des formules de cette 3ᵉ partie.

OBJET.	N°ˢ DE la Science	Formules correspondant, pour le texte, aux numéros de *la Science du praticien de l'état civil*, 3ᵉ partie.

Acte de mariage (formule universelle, n° 58, — *suite*) (A).

(Pour les cas de décès d'autres ascendants, ajouter à la formule de filiation correspondant au tableau synoptique placé à la suite de la présente formule d'acte, et à l'endroit du n° 233 qu'elle porte les lieux et dates de décès des ascendants qui sont décédés).

Empêchements physiques ou légaux des ascendants de la future.

234

Si le père de la future épouse est empêché, par suite d'absence déclarée ou ayant fait l'objet d'un jugement d'enquête, on retranche de la formule de filiation n° 230 ci-dessus l'indication de son âge et de son domicile et on y substitue l'énonciation suivante : absent, ainsi qu'il résulte d'un jugement rendu le   , par le tribunal civil de   , et à nous produit.

(Pour les autres cas d'empêchement, ajouter à la formule de filiation correspondant au tableau synoptique qui fait suite à la présente formule d'acte et à l'endroit du renvoi 234 qu'elle porte celle des cinq énonciations de ce renvoi qui s'applique à la situation de la future.)

Liberté filiale résultant du statut personnel de l'étrangère.

234 *bis*

Substituer à la formule 230 ci-dessus la formule Z^u, correspondant au tableau synoptique placé à la fin de la présente formule d'acte.

Tableau synoptique des situations filiales des futurs époux.

234 *ter*

(Voyez à la fin de la présente formule d'acte ce tableau et les énonciations auxquelles il correspond, touchant les diverses situations filiales de futurs époux.)

Lesquels,

§ 11. — Dispense d'âge.

233

après nous avoir déclaré que l   comparant   a obtenu du chef de l'Etat une dispense d'âge en date du   , enregistrée au greffe du tribunal civil de   , et à nous produite,

Dispense de parenté ou d'alliance prohibée.

236

après nous avoir déclaré qu'ils ont obtenu une dispense du chef de l'Etat en raison du degré de parenté (*ou* d'alliance) qui existe entre eux comme   (*dire quelle est la parenté ou l'alliance*), ladite dispense en date du   , enregistrée au greffe du tribunal civil de   le   ,

Parenté ou alliance non prohibée.

237

après avoir déclaré qu'il n'existe entre eux d'autre parenté (ou alliance) que celle de   (*dire quelle est la parenté ou l'alliance*),

Apparence de parenté ou d'alliance.

238

après nous avoir déclaré qu'il n'existe entre eux aucune parenté ou alliance

Levée d'une prohibition civile particulière au pays de celui des futurs époux qui est étranger.

239

après nous avoir déclaré que l   comparant   a obtenu des autorités compétentes de son pays la levée de la prohibition de se marier avant d'avoir... (*dire quelle est la prohibition prononcée par la loi du pays de celui des futurs époux qui est étranger*), ce dont il nous a été justifié par un acte émanant de   daté du   , revêtu du timbre national français et portant la mention suivante : Enregistré à   , le   , folio   , case   . Reçu   francs   centimes, signé   ; lequel acte restera annexé au présent acte de mariage,

§ 12. — Dates des publications faites dans la commune où est célébré le mariage.

240

nous ont requis de procéder à la célébration du mariage projeté entre eux, dont les publications ont été faites à la mairie du

---

(A) Voyez le *nota bene* qui suit l'index placé en tête des formules de cette 3ᵉ partie.

OBJET.	Nᵒˢ DE la Science	Formules correspondant, pour le texte, aux numéros de *la Science du praticien de l'état civil*, 3ᵉ partie.

Acte de mariage (formule universelle, nᵒ 58, — *suite*) (A).

N   , les dimanches   et   , ainsi qu'il résulte des actes inscrits à ces dates sur le registre des publications de cette commune dont nous avons donné lecture

Dates des publications faites dans les autres communes. — 241

et dans les communes de   et de   , les dimanches et   ,

S'il y a eu dispense de seconde publication. — 242

lesdites publications faites une seule fois, dispense de la seconde publication ayant été accordée le   , par le procureur de la République près le tribunal civil de   , suivant sa lettre en date du   , déposée au secrétariat de la mairie de N...   , et dont une expédition demeurera annexée au présent acte.

Mention qu'il n'y a pas eu d'opposition entre les mains de l'officier de l'état civil qui procède au mariage ou, s'il y en a eu, mention de leur mainlevée. — 243

Aucune opposition ne nous ayant été signifiée

autre que celle faite à la requête de   , par exploit de   , huissier à   , le   , de laquelle il a été donné mainlevée

Soit : par exploit de   , huissier à   , en date du   , revêtu de la signature de l'opposant et à nous signifié,

Soit : par acte passé devant maître   , notaire à   , le   , dont expédition nous a été produite,

Soit : par jugement du tribunal de première instance de   en date du   , notifié à l'opposant le   , et contre lequel il n'y a pas eu d'appel, ainsi qu'il résulte de la grosse dudit jugement, du certificat de maître   , avoué à   , en date du   , et du certificat du greffier dudit tribunal en date du   , lesquelles trois pièces nous ont été produites,

Soit : par jugement du tribunal de première instance de   en date du   , confirmé par arrêt de la Cour d'appel de   , en date du   , lesquels jugement et arrêt nous ont été produits,

Soit, si l'opposition a été faite par les père et mère ou aïeuls qui assistent au mariage : de laquelle les opposants donnent ici mainlevée,

Nous, officier de l'état civil, faisant droit à la réquisition des parties,

Certificats des publications faites à d'autres municipalités, et mainlevée des oppositions qu'elles ont provoquées. — 244

Vu les certificats délivrés les   , par lesquels les maires de   constatent que les publications ont été faites à leurs mairies aux dates ci-devant mentionnées sans qu'il soit survenu d'opposition (*s'il y en a eu, ajouter* autre que celle   , etc. (*même forme de libellé qu'au* nᵒ 243),

Exception à la formalité des publications, en ce qui concerne le pays du futur époux étranger. — 245

Vu le certificat de l'ambassadeur (*ou* chargé d'affaires *ou* consul) de   , délivré à la date du   et enregistré à   , le   , constatant que les lois de   , n'obligent à faire précéder les mariages d'aucune publication, lorsque les futurs époux ont atteint l'âge de   ,

§ 13. — Mention de la production de l'acte établissant l'identité du futur époux. — 246

Vu l'expédition de l'acte de naissance du futur époux (*ou* le procès-verbal d'abandon, *ou* l'acte de notoriété ci-dessus

---

(A) Voyez le *nota bene* qui suit l'index placé en tête des formules de cette 3ᵉ partie.

OBJET.	N°ˢ DE la Science	Formules correspondant, pour le texte, aux numéros de *la Science du praticien de l'état civil*, 3ᵉ partie.

Acte de mariage (formule universelle, n° 58, — *suite*) (A).

Mention, si elle n'a déjà été faite, de la production des pièces établissant la capacité civile du futur, le consentement de ses parents ou les circonstances, actes et formalités qui en dispensent et sa capacité civique, et relation des attestations d'identité qu'elles contiennent.

247 — énoncé, dressé pour suppléer l'acte de naissance du futur époux) ;

Vu l'expédition de l'acte de décès de la précédente femme du futur époux, ci-dessus dénommée ;

Vu les expéditions des actes de décès du père, de la mère, de l'aïeul paternel (*et autres personnes s'il y a lieu*) du futur époux ;

OBSERVATION. S'il y a lieu de viser ici l'acte portant consentement au mariage par des aïeuls ou par un tuteur ad hoc et contenant attestation d'identité, on relatera cette attestation par une mention appropriée, dans la forme de celle-ci : par lequel acte ledit sieur   atteste l'identité du futur époux comme fils des personnes désignées ci-devant comme étant ses père et mère, bien que les prénoms et noms de ceux-ci aient été écrits de manières différentes dans l'acte de naissance du futur époux et dans leurs actes de décès.

Mention de la production de l'acte établissant l'identité de la future épouse.

248 — Vu l'expédition de l'acte de naissance de la future épouse, (*ou* le procès-verbal d'abandon, *ou* l'acte de notoriété ci-dessus énoncé, dressé pour suppléer l'acte de naissance de la future épouse) ;

Mention, si elle n'a déjà été faite, de la production des pièces établissant la capacité civile de la future, le consentement de ses parents, ou les circonstances, actes et formalités qui en dispensent, et relation des attestations d'identité qu'elles contiennent.

249 — Vu l'expédition de l'acte de décès du précédent mari de la future ;

Vu les expéditions des actes de décès des père et mère de la future.

Viser encore toutes les autres pièces dont la production n'aurait pas été déjà indiquée, concernant la future.

Observation semblable à celle faite sous le n° 247 ci-dessus, pour le cas où une attestation d'identité se trouverait dans un acte de consentement visé concernant la future.

Mention, si elle n'a déjà été faite, de la production des pièces relatives aux levées de prohibitions d'âge, de parenté et autres.

250 — Vu l'arrêté du Président de la République, en date du   ci-dessus énoncé, accordant dispense aux futurs époux en raison de leur degré de parenté.

Mention, si elle n'a déjà été faite, des formalités spéciales auxquelles ont dû être soumises les pièces venant de l'étranger.

251 — Vu l'acte de (*naissance, ou du consentement du père, etc.*) d   futur   épou   dressé en langue   (*si l'acte contient reconnaissance d'enfant naturel ou consentement à mariage, on ajoutera :* et portant mention de l'enregistrement fait sur la traduction ci-après énoncée); Vu l'acte de (*décès, ou du consentement de la mère, etc.*) d   futur   épou   dressé en langue   , ces derniers actes légalisés en dernier lieu par le ministre des affaires étrangères à Paris et frappés du timbre national de France (*ou bien :* visés pour timbre à   le   ) ; Vu la traduction de ces actes faite par certificats distincts écrits sur papier au timbre national français par le sieur   , interprète juré dont la signature a été également légalisée (*si la traduction porte sur des actes contenant reconnaissance d'enfant naturel ou consentement à mariage, on ajoutera :* sur l'un desquels certificats reproduisant l'acte de   est écrite la

| OBJET. | Nᵒˢ DE la Science | Formules correspondant, pour le texte, aux numéros de *la Science du praticien de l'état civil*, 3ᵉ Partie. |

Acte de mariage (formule universelle, nº 58, — *suite*) (A).

mention suivante : Enregistré à   , le   , folio   , case   . Reçu   francs   centimes, signé   );

Visa général des autres pièces dont la production est mentionnée dans le corps de l'acte de mariage, et attestation de l'accomplissement régulier de toutes les formalités auxquelles étaient astreintes toutes les pièces produites.

252 — Vu les autres pièces dont la production a été ci-devant mentionnée. De toutes lesquelles pièces en bonne et due forme,

Lecture, paraphe et annexe des pièces produites.

253 — paraphées conformément à la loi pour rester annexées au présent acte de mariage, nous avons donné lecture (*ajouter s'il y a lieu :* sauf des pièces écrites en langue étrangère).

Visa des actes de décès inscrits sur les registres de la commune où le mariage est célébré.

254 — Vu, en outre, sur les registres de l'état civil de la commune de N...   les actes de décès de   .

Attestation de l'identité de celui des futurs époux dont l'acte de naissance désigne ses père et mère avec moins de prénoms ou avec des noms orthographiés autrement que dans d'autres actes les concernant. (Avis du Conseil d'État du 19-30 mars 1808, paragraphes 1, 2 et 3.)

255 — A. *Attestation de l'identité d'un des futurs par ses père et mère ou aïeuls.*

Si celui des futurs que les erreurs concernent est assisté de ses père et mère ou de l'un d'eux, l'attestation portera seulement sur sa qualité de fils (ou fille), et les énonciations mises entre les crochets [   ] et qui sont applicables à sa qualité de petit-fils (ou petite-fille) ne seront pas employées. S'il est assisté d'un ou plusieurs aïeuls, tout le texte sera employé.

Après que le père et la mère [*ou* le sieur N... et le sieur O..., aïeuls] d   futur   épou   nous ont eu attesté l'identité de celui-ci (*ou* de celle-ci) en sa qualité de fils (*ou* fille) des personnes désignées au présent acte comme étant ses père et mère [et de petit-fils *ou* petite-fille des personnes désignées ci-dessus comme étant ses aïeuls   aternels], bien que dans l'acte de naissance d   dit   futur   épou   on ait désigné ses père et mère avec des prénoms et nom écrits dans un ordre, en nombre et avec une orthographe différant des énonciations de leur acte de mariage dressé à la mairie de   , le   , et de leurs actes de naissance mentionnés audit acte de mariage [et bien que dans ces derniers actes de naissance et mariage on ait écrit les prénoms et noms de leurs pères et mères autrement qu'ils ne l'ont été dans quelques-uns des actes produits en ce qui concerne les ascendants non présents, et dans le présent acte de mariage en ce qui concerne les aïeuls assistants] ;

B. *Attestation de l'identité d'un des futurs, par les quatre témoins, pour les majeurs qui n'ont pas d'ascendants.* Après que les quatre témoins du présent acte, ci-après-nommés, nous ont eu attesté l'identité d   futur   épou   en sa qualité de fils (*ou* fille) des personnes désignées (*le reste comme ci-dessus, en s'arrêtant aux mots :* dans quelques-uns des actes produits) ;

C. *Attestation de l'identité d'un des futurs par le tuteur* ad hoc, *lorsqu'elle n'a pas été faite dans la délibération du conseil de famille.* Après que le sieur   , tuteur ad hoc d   futur   épou   nous a eu attesté l'identité de celui-ci (*ou* de celle-ci) en sa qualité de fils (*ou* fille) des personnes désignées (*le reste comme à l'alinéa précédent*);

(A) Voyez le *nota bene* qui suit l'index placé en tête des formules de cette 3ᵉ partie.

OBJET.	N°ˢ DE la Science	Formules correspondant, pour le texte, aux numéros de *la Science du praticien de l'état civil*, 3ᵉ partie.
Acte de mariage (formule universelle, n° 58, — *suite*) (A).		
Attestation de l'identité des père et mère ou aïeuls désignés dans leurs actes de décès autrement que dans d'autres actes. (Avis du Conseil d'Etat du 19-30 mars 1808, paragraphe 4.)	256	*A. Attestation de l'identité des père, mère, ou aïeul décédé, quand les futurs époux, mineurs, ont des ascendants présents.* Après que le père (*ou* la mère, *ou* le sieur et la dame aïeuls) d futur épou a (*ou* ont) eu attesté avec serment, en nos mains, l'identité de la personne décédée désignée ci-dessus comme étant la mère (*ou* le père, *ou* l'aïeul aternel) d dit futur épou , bien que, par suite d'erreurs, les prénoms et nom de ce défunt (*ou* de cette défunte) aient été écrits différemment dans son acte de décès et dans l'acte de (*indiquer quel autre acte*); *B. Attestation de l'identité des père, mère ou aïeul décédé, quand les futurs époux, mineurs, n'ont plus d'ascendants, lorsqu'elle n'a pas été faite dans la délibération du conseil de famille.* Après que le sieur , tuteur *ad hoc* d futur épou a eu attesté avec serment en nos mains, l'identité de (*le reste comme au paragraphe A ci-dessus*) ; *C. Attestation de l'identité des père, mère ou aïeul décédé, quand les futurs époux sont majeurs.* Après que les parties et les témoins ont eu attesté, avec serment en nos mains, l'identité de (*le reste comme au paragraphe A ci-dessus*) ;
Déclaration faite par les aïeuls de futurs époux mineurs ou majeurs de la certitude du décès des père et mère dont les actes de décès ne peuvent être produits. (Application du paragraphe 1ᵉʳ de l'avis du Conseil d'Etat du 27 messidor-4 thermidor an XIII.)	257	Le sieur et la dame , aïeuls aternels d futur épou nous ayant attesté que les père et mère d dit futur épou , dont les actes de décès n'ont pu être produits faute de connaître leur dernier domicile, sont décédés ;
Déclaration par les futurs époux majeurs, n'ayant plus aucun ascendant, de leur ignorance du dernier domicile et du lieu de décès de quelqu'un de leurs père, mère ou aïeuls. (Application du paragraphe 2 de l'avis du Conseil d'Etat du 27 messidor-4 thermidor an XIII).	257 *bis*	Les futurs époux nous ayant déclaré avec serment que le lieu du décès et celui du dernier domicile du père (*ou* de la mère, *ou* de l'aïeul aternel) d futur épou leur sont inconnus, laquelle déclaration a été certifiée, aussi avec serment, par les quatre témoins du présent acte ci-après nommés, lesquels nous ont affirmé que, quoiqu'ils connussent l futur épou , ils ignoraient le lieu du décès de ses dits ascendants et leur dernier domicile.
§ 14. — Déclaration sur l'existence ou la non-existence d'un contrat de mariage. A. Déclaration par les futurs époux, B. Et,— s'ils sont assistés de personnes qui ont à donner leur consentement au mariage, — par celles-ci. C. Qu'il a été fait un contrat de mariage, ou qu'il n'en a pas été fait. D. S'il y a contrat, sa date, avec indication du nom et de la résidence du notaire qui l'a dressé.	258	Et après avoir reçu des futurs époux, ainsi que des personnes ici présentes pour autoriser le mariage, la déclaration qu'il fait contrat de mariage reçu par maître , notaire à , le , ce que constate un certificat dudit notaire qui restera annexé au présent acte de mariage;
§ 15. — Lecture aux parties des articles de la loi réglant les droits et les devoirs respectifs des époux.	259	Avons lu aux parties les dispositions du Code civil comprises sous e chapitre VI du titre du mariage concernant les droits et les devoirs respectifs des époux,
Déclaration des contractants de se prendre pour époux.	260	et avons demandé au futur époux et à la future épouse s'ils voulaient se prendre pour mari et pour femme. Chacun d'eux ayant répondu séparément et affirmativement,

---

(A) Voyez le *nota bene* qui suit l'index placé en tête des formules de cette 3ᵉ partie.

OBJET.	Nᵒˢ DE la Science	Formules correspondant, pour le texte, aux numéros de *la Science du praticien de l'état civil*, 3ᵉ partie.

Acte de mariage (formule universelle, nº 58, — *suite*) (A).
Prononcé de l'union.

261 — nous avons prononcé, au nom de la loi, que   (*prénoms et nom du futur*) et   (*prénoms et nom de la future*) sont unis par le mariage.

Explication sur les moyens employés pour faire exprimer par des sourds ou sourds-muets et par des personnes ne comprenant pas la langue française leur consentement au mariage.

262 — (*L'énonciation éventuelle du nº 262 ne sera faite qu'après la déclaration relative à la légitimation d'enfants, si l'acte de mariage comprend une déclaration de cette espèce.*)

§ 16. — Reconnaissance, pour légitimation, d'enfants nés des époux.

263 — Et à l'instant, les époux ont déclaré reconnaître pour leurs enfants et vouloir légitimer par leur mariage : 1º   (*prénoms*) né le   , enregistré à la mairie de   , comme fil   de   ; 2º (*prénoms*) né le   , enregistré à la mairie de   , comme fil   de

§ 17. — Publicité de la célébration.
Prénoms, noms, âges, professions et domicile des quatre témoins, leur déclaration s'ils sont parents ou alliés des parties, de quel côté et à quel dégré.

264 — Le tout a été fait publiquement

Lecture de l'acte.

265 — et en présence de

Indication des personnes qui ont apposé leurs signatures et mention de la cause qui a empêché quelqu'une des parties ou quelque témoin de signer.

266 — Après lecture à eux faite du présent acte,
267 — les parties et les témoins l'ont signé avec nous, à l'exception de   et de   , lesquels ont individuellement déclaré ne savoir signer, ainsi que de   , lequel a déclaré ne pouvoir signer à cause d'un accident qui paralyse en ce moment sa main droite, *ou* à cause de la cécité dont il est atteint.

APPENDICE A LA FORMULE 58

1° **Tableau synoptique des diverses situations filiales des futurs époux, classées en une série de lettres alphabétiques auxquelles correspondent les formules d'énonciations à employer pour les exprimer dans l'acte de mariage et qui sont inscrites à la page suivante.** (Ce tableau répond au n° 234 *ter* de *la Science du praticien de l'état civil.*)

EXISTENCE ou NON-EXISTENCE des ascendants (père, mère, aïeuls).	CONSENTEMENT REFUS OU EMPÊCHEMENT des ascendants.	ETAT FILIAL ET AGE de chacun des futurs époux	SITUATIONS classées DANS L'ORDRE des lettres alphabétiques.
Père et mère existants..		*1re Catégorie. Enfants légitimes*	
	Tous les deux consentants.........	Fils ou fille, quel que soit l'âge.	A
	Le père consentant, la mère refusant........................... ..	idem. idem.	B
	L'un en état d'empêchement, l'autre consentant.........................	idem. idem.	C
	Tous les deux en état d'empêchement. — Quelque aïeule ou aïeul existant (1). Tous les aïeuls décédés.	Fils ou fille âgé de moins de 21 ans.	D
		Fils ou fille âgé de 21 ans accomplis.	E
	La mère consentant, le père non..	Fils âgé de moins de 25 ans. Fille âgée de moins de 21 ans. } ne peuvent se marier.	
		Fils âgé de 25 ans accomplis. Fille âgée de 21 ans accomplis. }	F
	Tous les deux refusants...........	Fils âgé de moins de 25 ans. Fille âgée de moins de 21 ans. } ne peuvent se marier.	
L'un des père et mère décédé.....'..		Fils âgé de 25 ans accomplis. Fille âgée de 21 ans accomplis. }	G
	Le survivant consentant...........	Fils ou fille, quel que soit l'âge.	H

(1) Voir pour les aïeuls remplaçant les père et mère les accolades correspondant aux lettres N et suivantes, jusqu'à R.

2° Formules d'énonciations correspondant au tableau synoptique de la page précédente et complétant la formule 58.

CORRESPONDANCE avec le tableau synoptique.	ÉNONCIATIONS à insérer sous les n°s 216 et 230 de la formule 58, exprimant les situations filiales des futurs époux, et renvoyant par des numéros aux énonciations complémentaires relatives au consentement des parents, inscrites ci-contre.	NUMÉROS indicateurs de la formule 58.	ÉNONCIATIONS COMPLÉMENTAIRES relatives au consentement des parents, ou à la cause justificative de l'absence de ce consentement, à insérer dans la formule 58, à la place des renvois ci-contre.
A	Fils (*ou fille*) de (*prénoms, nom, profession, âge du père*) et de (*prénoms, nom, profession et âge de la mère*) sa femme, demeurant ensemble à , tous les deux (217-231-a).	217-231	*Consentement des parents ou de ceux qui les représentent.* (a) *Père, mère, aïeuls et aïeules consentants,* *Par leur présence :* Ici présents et consentants. *Par acte :* Ayant donné son (*ou* leur) consentement au présent mariage, suivant acte reçu par maître , notaire à , le , à nous produit. (b) *Conseil de famille:* Autorisé à contracter le présent mariage par délibération du Conseil de famille prise sous la présidence du juge de paix du canton de , le , dont l'expédition nous a été produite.
B	Fils (*ou fille*) de (*prénoms, nom, profession, âge du père*) et de (*prénoms, nom, profession, âge de la mère*) sa femme, demeurant ensemble à..., le dit (*prénoms et nom du père*) seul (217-231-a) à raison du dissentiment de la mère (218-232-c).		(c) *Tuteur ad hoc.* (Voyez le texte ci-après, page 71). (d) *Conseil d'administration de l'hospice ou directeur de l'Administration générale de l'Assistance publique de Paris.* (Voyez le texte ci-après, page 75).
C	Fils (*ou fille*) de (*prénoms, nom, profession, âge du père et son domicile s'il est connu*) et de (*prénoms, nom, profession, âge de la mère*), son épouse (*son domicile s'il est connu*), le père *ou* la mère) seul (217-231-a), la mère (*ou* le père) étant (220-234).		*Actes respectueux.* (a) Trois (*pour les fils de moins de 30 ans et pour les filles de moins de 25 ans*). (b) Un (*pour les fils ayant 30 ans et pour les filles ayant 25 ans accomplis*).
D	Fils (*ou fille*) de (*prénoms, nom, profession, âge du père et son domicile s'il est connu*) et de (*prénoms, nom, profession, âge de la mère et son domicile s'il est connu*), sa femme, et petit-fils (*ou* petite-fille) du côté paternel de... *prénoms, noms, professions des deux aïeuls* (219-233) et du côté maternel de... *prénoms, noms, professions des deux aïeuls* (219-233), l dit comparant (217-231-b), n'ayant plus aucun ascendant en état de manifester sa volonté, son père et sa mère seuls vivants, étant, le premier (220-234), la seconde (220-234).	218-232	(c) *Dissentiment :* non consentant d'après un acte reçu par maître , notaire à , le , qui nous a été produit. *Mention du décès des ascendants* Décédé à , département d , le . *Empêchements physiques ou légaux des ascendants.* (a) *Absence déclarée ou ayant fait l'objet d'un jugement d'enquête :* Absent ainsi qu'il résulte d'un jugement rendu le , par le tribunal civil de , et à nous produit.
E	Fils (*ou fille*) de (*prénoms, nom, profession, âge du père et son domicile s'il est connu*) et de (*prénoms, nom, profession, âge de la mère et son domicile s'il est connu*), petit-fils (*ou* petite-fille) du côté paternel de *prénoms, noms, professions des deux aïeuls* (219-233), et du côté maternel de *prénoms, noms, professions des deux aïeuls* (219-233) l dit comparant procédant comme libre dans l'exercice de ses droits, par suite de ce qu'il (*ou elle*) n'a plus aucun ascendant en état de manifester sa volonté, son père et sa mère seuls vivants étant, le premier (220-234), la seconde (220-234).	219-233 220-234	(b) *Absence non déclarée :* Absent sans qu'on ait eu de ses nouvelles depuis ans, ainsi qu'il résulte d'un acte de notoriété dressé le , par le juge de paix du canton de , dont dépend la commune de , où le dit sieur avait son dernier domicile connu, lequel acte nous a été produit. (c) *Démence sans interdiction :* Hors d'état de manifester sa volonté, ainsi qu'il résulte d'un certificat du docteur ....., médecin en chef (*ou* directeur) de l'hospice de , en date du , lequel nous a été produit et porte la mention suivante: Enregistré à , le , folio , case , reçu franc centimes, signé .
F	Fils (*ou fille*) de (*prénoms, nom, profession, âge et domicile du père*) et de (*prénoms, nom, profession, âge et domicile de la mère*), sa femme), celle-ci (217-231-a), l dit comparant agissant en vertu des droits que lui donne son âge, en raison de ce qu'il (*ou elle*) a demandé en vain le consentement de son père aux termes d (228-232) acte respectueux notifié par maître notaire à le et à nous produit .		(d)) *Interdiction pour démence,* (e)) *Interdiction à cause de condamnation :* Dans l'impossibilité légale de donner son consentement, ainsi qu'il résulte d'une décision judiciaire en date du , dont l'extrait nous a été produit.
G	Fils (*ou fille*) de (*prénoms, nom, profession, âge et domicile du père*) et de (*prénoms, nom, profession, âge et domicile de la mère*), sa femme, l comparant agissant en vertu des droits que lui donne son âge, en raison de ce qu'il (*ou elle*) a demandé en vain à ses père et mère leur consentement, aux termes d (218-232), acte respectueux notifié par maître notaire à le et à nous produit .		
H	Fils (*ou fille*) de (*prénoms, nom, profession, du père **); s'il existe : (217-231-a); et de (*prénoms, nom, profession de la mère **); si elle existe : (217-231-a).		

(*) Âge et domicile, si le domicile est connu, ou date et lieu de décès (219-233).

1° Tableau synoptique des diverses situations filiales des futurs époux. *(Suite.)*

EXISTENCE ou NON-EXISTENCE des ascendants (père, mère, aïeuls)	CONSENTEMENT REFUS OU EMPÊCHEMENT des ascendants.		ÉTAT FILIAL ET AGE de chacun des futurs époux.	SITUATIONS classées DANS L'ORDRE des lettres alphabétiques.
L'un des père et mère décédé......	Le survivant empêché.	Quelque aïeule ou aïeul existant (1).	Fils et filles âgés de moins de 21 ans.	I
		Tous les aïeuls décédés.	Fils et filles âgés de 21 ans accomplis.	J
	Le survivant refusant.............		Fils âgés de moins de 25 ans. Filles âgées de moins de 21 ans. } ne peuvent se marier.	
			Fils âgés de 25 ans accomplis. Filles âgées de 21 ans accomplis.	K
Père et mère décédés...	Quelque aïeul ou aïeule existant (2).		Fils et filles âgés de moins de 21 ans.	L
	Tous les aïeuls décédés...........		Fils et filles âgés de 21 ans accomplis.	M
Aïeuls existants quand les père et mère sont empêchés ou décédés.	Tous consentants...........		Fils et filles, quel que soit leur âge.	N

(1) (2) Voir pour les aïeuls remplaçant les père et mère, les accolades correspondant aux lettres N et suivantes, jusqu'à R.

2° Formules d'énonciations correspondant au tableau synoptique de la page précédente et complétant la formule 58. (Suite.)

CORRESPONDANCE avec le tableau synoptique.	ÉNONCIATIONS à insérer sous les n°° 216 et 230 de la formule 58, exprimant les situations filiales des futurs époux, et renvoyant par des numéros aux énonciations complémentaires relatives au consentement des parents, inscrites ci-contre.	NUMÉROS indicateurs de la formule 58.	ÉNONCIATIONS COMPLÉMENTAIRES relatives au consentement des parents, ou à la cause justificative de l'absence de ce consentement, à inscrire dans la formule 58, à la place des renvois ci-contre.
I	Fils (*ou fille*) de (*prénoms, nom, profession du père* *), et de (*prénoms, nom, profession de la mère* *), sa femme; petit-fils (*ou petite-fille*) du côté paternel de... (*prénoms, noms, professions, dates et lieux de décès des deux aïeuls*), et du côté maternel de (*prénoms, noms, professions, dates et lieux de décès des deux aïeuls*); l dit comparant (217-231-b), n'ayant plus aucun ascendant autre que son père (*ou sa mère*) et celui-ci (*ou celle-ci*) étant (220-234).	217-231	*Consentement des parents ou de ceux qui les représentent.* (a) *Père, mère, aïeuls et aïeules consentants, Par leur présence* : Ici présents et consentants. *Par acte* : ayant donné son (*ou leur*) consentement au présent mariage, suivant acte reçu par maître , notaire à , le , et à nous produit. (b) *Conseil de famille* : Autorisé à contracter le présent mariage par délibération du Conseil de famille prise sous la présidence du juge de paix du canton de , le , dont l'expédition nous a été produite. (c) *Tuteur ad hoc,* (Voyez le texte ci-après, page 71). (d) *Conseil d'administration de l'hospice* (*ou directeur de l'Administration générale de l'Assistance publique à Paris*). (Voyez le texte ci-après, page 75).
J	Fils (*ou fille*) de (*prénoms, nom, profession du père* *), et de (*prénoms, nom, profession de la mère* *), sa femme; petit-fils (*ou petite-fille*) du côté paternel de (*prénoms, noms, professions, dates et lieux de décès des deux aïeuls*); et du côté maternel de (*prénoms, noms, professions, dates et lieux de décès des deux aïeuls*); procédant comme libre dans l'exercice de ses droits, en raison de ce qu'il (*ou elle*) n'a plus aucun ascendant autre que son père (*ou sa mère*) et celui-ci (*ou celle-ci*) étant (220-234).		
K	Fils (*ou fille*) de (*prénoms, nom, profession du père* *), et de (*prénoms, nom, profession de la mère* *), sa femme. L comparant agissant en vertu des droits que lui donne son âge, en raison de ce qu'il (*ou elle*) a demandé en vain le consentement de son père (*ou de sa mère*), aux termes d (218-232), acte respectueux notifié par maître , notaire à , le , et à nous produit .	218-232	*Actes respectueux.* (a) Trois (*pour les fils de moins de 30 ans et pour les filles de moins de 25 ans*). (b) Un (*pour les fils ayant 30 ans et pour les filles ayant 25 ans accomplis*). (c) *Dissentiment* : non consentant d'après un acte reçu par maître , notaire à , le , qui nous a été produit.
L	Fils (*ou fille*) de (*prénoms, nom, profession, date et lieu de décès du père*), et de (*prénoms, nom, profession, date et lieu du décès de la mère*), sa femme ; petit-fils (*ou petite-fille*) du côté paternel de (*prénoms, noms, professions, dates et lieux de décès des deux aïeuls*); et du côté maternel de (*prénoms, noms, professions, dates et lieux de décès des deux aïeuls*); l dit comparant n'ayant plus aucun ascendant (217-231-b).	219-233 220-234	*Mention du décès des ascendants* Décédé à , département d , le . *Empêchements physiques ou légaux des ascendants.* (a) *Absence déclarée ou ayant fait l'objet d'un jugement d'enquête* : Absent, ainsi qu'il résulte d'un jugement rendu le , par le tribunal civil de , et à nous produit. (b) *Absence non déclarée* : Absent sans qu'on ait eu de ses nouvelles depuis ans, ainsi qu'il résulte d'un acte de notoriété dressé le , par le juge de paix du canton de , dont dépend la commune de , où ledit sieur avait son dernier domicile connu, lequel acte nous a été produit. (c) *Démence sans interdiction* : Hors d'état de manifester sa volonté, ainsi qu'il résulte d'un certificat du docteur ....., médecin en chef (*ou directeur*) de l'hospice de , en date du , lequel nous a été produit et porte la mention suivante: Enregistré à , le , folio , case . Reçu franc centimes. Signé . (d) { *Interdiction pour démence,* (e) { *Interdiction pour cause de condamnation* : Dans l'impossibilité légale de donner son consentement, ainsi qu'il résulte d'une décision judiciaire en date du , dont l'extrait nous a été produit.
M	Fils (*ou fille*) de (*prénoms, nom, profession, date et lieu de décès du père*), et de (*prénoms, nom, profession, date et lieu de décès de la mère*), sa femme ; petit-fils (*ou petite-fille*), du côté paternel de (*prénoms, noms, professions, dates et lieux de décès des deux aïeuls*), et du côté maternel de (*prénoms, noms, professions, dates et lieux de décès des deux aïeuls*), l dit comparant procédant comme libre dans l'exercice de ses droits, en raison de ce qu'il (*ou elle*) n'a plus aucun ascendant.		
N	Fils (*ou fille*) de (*prénoms, nom, profession du père* *), et de (*prénoms, nom, profession de la mère* *), sa femme; petit-fils (*ou petite-fille*), du côté paternel de (*prénoms, noms, professions des aïeuls* *), et du côté maternel de (*prénoms, noms, professions des deux aïeuls* *), lesdits (*noms des aïeuls survivants*) (217-231-a) [le père étant (220-234) et la mère étant 220-234] (**).		

(*) Âge et domicile, si le domicile est connu, ou date et lieu de décès (219-233).
(**) Quand les père et mère ou aïeuls sont décédés, la mention de leur décès rend inutiles les indications qui sont destinées à énoncer leurs empêchements et qui sont comprises entre les deux crochets [], aux formules N. O. P. Q. R.

1° Tableau synoptique des diverses situations filiales des futurs époux. (*Suite.*)

EXISTENCE ou NON-EXISTENCE des ascendants (père, mère, aïeuls).	CONSENTEMENT REFUS OU EMPÊCHEMENT des ascendants.	ETAT FILIAL ET AGE de chacun des futurs époux.	SITUATIONS classées DANS L'ORDRE des lettres alphabétiques.
Aïeuls existants quand les père et mère sont empêchés ou décédés.	L'aïeul (ou l'aïeule si son mari est décédé ou empêché) d'une ligne consentant, les autres refusant.........	Fils et filles, quel que soit leur âge.	O
	Tous ceux des aïeuls qui existent refusant, chaque ligne refusant, d'autres empêchés ou non, ou bien la seule aïeule existante de l'une ou l'autre ligne refusant....................	Fils âgés de moins de 25 ans. Filles âgées de moins de 21 ans. } ne peuvent se marier.	
		Fils âgés de 25 ans accomplis. Filles âgées de 21 ans accomplis.	P
	Tous empêchés....................	Fils et filles âgés de moins de 21 ans.	Q
		Fils et filles, âgés de 21 ans accomplis.	R
		2° *Catégorie. Enfants naturels reconnus par leur père et par leur mère.*	
Père et mère existants...	L'un et l'autre consentant..........	Fils et filles, quel que soit leur âge.	S
	Le père consentant, la mère non...	Idem. Idem.	T

2° Formules d'énonciations correspondant au tableau synoptique de la page précédente et complétant la formule 58. *(Suite.)*

CORRESPONDANCE avec le tableau synoptique.	ÉNONCIATIONS à insérer sous les n°ˢ 216 et 230 de la formule 58, exprimant les situations filiales des futurs époux, et renvoyant par des numéros aux énonciations complémentaires relatives au consentement des parents, inscrites ci-contre.	NUMÉROS indicateurs de la formule 58.	ÉNONCIATIONS COMPLÉMENTAIRES relatives au consentement des parents, ou à la cause justificative de l'absence de ce consentement, à insérer dans la formule 58, à la place des renvois ci-contre.
O	Fils (*ou fille*) de (*prénoms, nom, profession du père **), et de (*prénoms, nom, profession de la mère **), sa femme; petit-fils (*ou petite-fille*) du côté paternel de (*prénoms, noms, professions des deux aïeuls **), et du côté maternel de (*prénoms, noms, professions des deux aïeuls **), lesdits (*noms des aïeuls consentants*) seuls (217-231-a), à raison du dissentiment des autres aïeuls (218-232-c) [le père étant (220-234) et la mère étant (220-234)].	217-231	*Consentement des parents ou de ceux qui les représentent.* (a) *Père, mère, aïeuls et aïeules consentants,* *Par leur présence :* Ici présents et consentants. *Par acte :* ayant donné son (*ou leur consentement au présent mariage, suivant acte reçu par maître , notaire à , le , à nous produit.
P	Fils (*ou fille*) de (*prénoms, nom, profession du père **), et de (*prénoms, nom, profession de la mère **), sa femme; petit-fils (*ou petite-fille*) du côté paternel de (*prénoms, noms, professions des deux aïeuls **), et du côté maternel de (*prénoms, noms, professions des deux aïeuls **); 1 dit comparant agissant en vertu des droits que lui donne son âge, en raison de ce qu'il (*ou elle*) a demandé en vain leur consentement à ses aïeuls paternels (*ou à son aïeul paternel ou à son aïeule paternelle*) et à ses aïeuls maternels (*ou à son aïeul maternel, ou à son aïeule maternelle*) ci-dessus nommés, aux termes d (218-232) actes respectueux, dont 1 expédition nous été produite , notifié par maître , notaire à , le , [le père étant (220-234), la mère étant (220-234), et les autres ascendants survivants étant ledit (*indiquer lequel*) (220-234) et ladite (*indiquer laquelle*) (220-234)] (**).		(b) *Conseil de famille :* Autorisé à contracter le présent mariage par délibération du Conseil de famille prise sous la présidence du juge de paix du canton de , le , dont l'expédition nous a été produite. (c) *Tuteur ad hoc.* (Voyez le texte ci-après, page 71). (d) *Conseil d'administration de l'hospice* (*ou directeur de l'Administration générale de l'Assistance publique à Paris*). (Voyez le texte ci-après, page 75).
		218-232	*Actes respectueux.* (a) Trois (*pour les fils de moins de 30 ans et pour les filles de moins de 25 ans*). (b) Un (*pour les fils ayant 30 ans et pour les filles ayant 25 ans accomplis*). (c) *Dissentiment :* non consentant d'après un acte reçu par maître , notaire à , le , qui nous a été produit.
Q	Fils (*ou fille*) de (*prénoms, nom, profession du père **), et de (*prénoms, nom, profession de la mère **), sa femme; petit-fils (*ou* petite-fille), du côté paternel de (*prénoms, noms, professions des deux aïeuls **), et du côté maternel de (*prénoms, noms, professions des deux aïeuls **), 1 dit comparant (217-231-b), n'ayant plus aucun ascendant en état de manifester sa volonté, son [père et sa mère et son] (*aïeul ou aïeule du côté paternel, son aïeul ou aïeule du côté maternel*) étant, le premier (220-234), le second (220-234) continuer s'il y a lieu (**).	219-233	*Mention du décès des ascendants* Décédé à , département d , le .
		220-234	*Empêchements physiques ou légaux des ascendants.* (a) *Absence déclarée ou ayant fait l'objet d'un jugement d'enquête :* Absent, ainsi qu'il résulte d'un jugement rendu le , par le tribunal civil de , et à nous produit.
R	Fils (*ou fille*) de (*prénoms, nom, profession du père **), et de (*prénoms, nom, profession de la mère **), sa femme; petit-fils (*ou petite-fille*) du côté paternel de (*prénoms, noms, professions des deux aïeuls **), et du côté maternel de (*prénoms, noms, professions des deux aïeuls **), 1 dit comparant libre dans l'exercice de ses droits, n'ayant plus aucun ascendant en état de manifester sa volonté, son [*père ou sa mère, ou son*] (*aïeul ou aïeule du côté paternel, son aïeul ou aïeule du côté maternel*), étant le premier (220-234), le second (220-234) continuer s'il y a lieu (**).		(b) *Absence non déclarée :* Absent sans qu'on ait eu de ses nouvelles depuis ans, ainsi qu'il résulte d'un acte de notoriété dressé le , par le juge de paix du canton de , dont dépend la commune de , où ledit sieur avait son dernier domicile connu, lequel acte nous a été produit. (c) *Démence sans interdiction :* Hors d'état de manifester sa volonté, ainsi qu'il résulte d'un certificat du docteur ..., médecin en chef (*ou directeur*) de l'hospice de , en date du , lequel nous a été produit et porte la mention suivante : Enregistré à , le , folio , case . Reçu franc centimes. Signé .
S	Fils (*ou fille*) naturel de (*prénoms, nom, profession, âge et domicile du père*), et de (*prénoms, nom, profession, âge et domicile de la mère*), tous les deux (217-231-a).		(d) { *Interdiction pour démence,* (e) { *Interdiction pour cause de condamnation :* Dans l'impossibilité légale de donner son consentement, ainsi qu'il résulte d'une décision judiciaire en date du , dont l'extrait nous a été produit.
T	Fils (*ou fille*) naturel de (*prénoms, nom, profession, âge et domicile du père*) et de (*prénoms, nom, profession, âge et domicile de la mère*), 1 dit (*prénoms et nom du père*) seul (217-231-a) à raison du dissentiment de la mère (218-232-c).		

(*) Âge et domicile, si le domicile est connu, ou date et lieu du décès (219-233).
(**) Quand les père et mère ou aïeuls sont décédés, la mention de leur décès rend inutiles les indications qui sont destinées à énoncer leurs empêchements et qui sont comprises entre les deux crochets [], aux formules N. O. P. Q. R.

1° Tableau synoptique des diverses situations filiales des futurs époux. (*Suite.*)

EXISTENCE ou NON-EXISTENCE des ascendants (père, mère, aïeuls).	CONSENTEMENT REFUS OU EMPÊCHEMENT des ascendants.	ÉTAT FILIAL ET AGE de chacun des futurs époux.	SITUATIONS classées DANS L'ORDRE des lettres alphabétiques.
Père et mère existants . .	L'un en état d'empêchement, l'autre consentant...	Fils et filles, quel que soit leur âge.	U
	Tous les deux en état d'empêchement..	Fils et filles âgés de moins de 21 ans.	V
		Fils et filles âgés de 21 ans accomplis.	X
	La mère consentant, le père non. .	Fils âgés de moins de 25 ans. Filles âgées de moins de 21 ans. } ne peuvent se marier.	
		Fils de 25 ans et filles de 21 ans.	Y
	Tous les deux refusants.....	Fils âgés de moins de 25 ans. Filles âgées de moins de 21 ans. } ne peuvent se marier.	
		Fils de 25 ans et filles de 21 ans.	Z
Père ou mère décédé.....	Le survivant consentant.	Fils et filles, quel que soit leur âge.	Z*a*
	Le survivant empêché.	Fils et filles âgés de moins de 21 ans.	Z*b*
		Fils et filles âgés de 21 ans accomplis.	Z*c*
	Le survivant refusant.............	Fils âgés de moins de 25 ans. Filles âgées de moins de 21 ans. } ne peuvent se marier.	
		Fils de 25 ans et filles de 21 ans.	Z*d*

2° Formules d'énonciations correspondant au tableau synoptique de la page précédente et complétant la formule 58 (*Suite*).

CORRESPONDANCE avec le tableau synoptique.	ÉNONCIATIONS à insérer sous les nᵒˢ 216 et 230 de la formule 58, exprimant les situations filiales des futurs époux, et renvoyant, par des numéros, aux énonciations complémentaires relatives au consentement des parents, inscrites ci-contre.	NUMÉROS indicateurs de la formule 58.	ÉNONCIATIONS COMPLÉMENTAIRES relatives au consentement des parents, ou à la cause justificative de l'absence de ce consentement, à insérer dans la formule 58, à la place des renvois ci-contre.
Zᵉ	Fils (*ou* fille) naturel de (*prénoms, nom, profession, date et lieu du décès du père*), et de (*prénoms, nom, profession, date et lieu du décès de la mère*), 1 dit comparant (217-231-c).	217-231	*Consentement des parents ou de ceux qui les représentent.*
Zᶠ	Fils (*ou* fille) naturel de (*prénoms, nom, profession du père*), décédé à , département d , le , et de (*prénoms, nom, profession de la mère*), décédée à , département d , le , 1 dit comparant libre dans l'exercice de ses droits par suite du décès de ses père et mère.		(a) *Père, mère, aïeuls et aïeules consentants.* *Par leur présence* : Ici présents et consentants. *Par acte* : ayant donné son (*ou* leur) consentement au présent mariage, suivant acte reçu par maître , notaire à , le , à nous produit.
Zᵍ	Fils (*ou* fille) naturel de (*prénoms, nom, profession, âge et domicile de celui qui a fait acte de reconnaissance*) (217-231-a) (★★★).		(b) *Conseil de famille.* (Voyez le texte donné ci-dessus, page 65).
Zʰ	Fils (*ou* fille) naturel de (*prénoms, nom, profession, âge et domicile de celui des père et mère qui a fait acte de reconnaissance*) (220-234), 1 dit comparant (★★★) (217-231-c).		(c) *Tuteur ad hoc* : Autorisé à contracter le présent mariage par (*prénoms, nom, profession, âge et domicile*), son tuteur ad hoc, nommé par délibération du Cons il de famille prise sous la présidence du juge de paix du canton de , le , dont l'expédition nous a été produite, laquelle autorisation est (*ou* a été) donnée par ledit tuteur ad hoc, soit : ici présent et consentant, soit : aux termes d'un acte reçu par maître , notaire à , le , dont l'expédition nous a été produite.
Zⁱ	Fils (*ou* fille) naturel de (*prénoms, nom, profession, âge et domicile de celui des père et mère qui a fait acte de reconnaissance*), 1 comparant (★★★), agissant en vertu des droits que lui donne son âge, en raison de ce qu'il (*ou* elle) a demandé en vain le consentement de son père (*ou* sa mère), aux termes d (218-232), acte respectueux qui nous été produit , notifié par maître , notaire à , le .		(d) *Conseil d'administration de l'hospice (ou Directeur de l'Administration générale de l'Assistance publique à Paris).* (Voyez le texte ci-après, page 75).
Zᵏ	Fils (*ou* fille) naturel de (*prénoms, nom, profession, date et lieu de décès de celui des père et mère qui a fait acte de reconnaissance*), 1 dit comparant (★★★) (217-231-c).		
Zˡ	Fils (*ou* fille) naturel de (*prénoms, nom, profession, date et lieu du décès de celui des père et mère qui a fait acte de reconnaissance*), 1 dit comparant (★★★), agissant comme libre dans l'exercice de ses droits par suite du décès de son père (*ou* sa mère) susnommé.	218-232	*Actes respectueux.* (a) *Trois (pour les fils de moins de 30 ans et pour les filles de moins de 25 ans).* (b) *Un (pour les fils ayant 30 ans et pour les filles ayant 25 ans accomplis).* (c) *Dissentiment* : non consentant d'après un acte reçu par maître , notaire à , le , qui nous a été produit.
Zᵐ	Fils (*ou* fille) naturel non reconnu, désigné dans son acte de naissance comme enfant de (*prénoms et nom de la mère désignée, en ajoutant si elle est décédée* : laquelle est décédée à , le), 1 dit comparant (217-231-c).	219-233	*Mention du décès des ascendants.* Décédé à , département de , le .
Zⁿ	Fils (*ou* fille) naturel non reconnu , désigné dans son acte de naissance comme enfant de (*prénoms et nom de la mère désignée, en ajoutant si elle est décédée* : laquelle est décédée à , le), procédant comme libre dans l'exercice de ses droits.	220-234	*Empêchements physiques ou légaux des ascendants.* (a) *Absence déclarée ou ayant fait l'objet d'un jugement d'enquête;* (b) *Absence non déclarée;* (c) *Démence sans interdiction;* (d) *Interdiction pour démence;* (e) *Interdiction pour cause de condamnation.* (Voyez, pour chacun de ses alinéas, le texte donné ci-dessus, page 65).

(★★★) Quand c'est le père seul qui a reconnu l'enfant, on ajoute ici : « Le comparant non reconnu par sa mère » et si elle est décédée, on ajoute encore « laquelle est décédée à ..., le ... »

1° Tableau synoptique des diverses situations filiales des futurs époux. (Suite.)

EXISTENCE ou NON-EXISTENCE des ascendants (père, mère, aïeuls).	CONSENTEMENT REFUS OU EMPÊCHEMENT des ascendants.	ÉTAT FILIAL ET AGE de chacun des futurs époux.	SITUATIONS classées DANS L'ORDRE des lettres alphabétiques.
		5° Catégorie. — Enfants trouvés n'ayant pas été déposés aux hospices.	
Parents in-connus.....		Fils et filles âgés de moins de 21 ans.	Z^o
		Fils et filles âgés de 21 ans accomplis.	Z^p
		6° Catégorie. Enfants abandonnés élèves d'hospices.	
Parents connus qui sont empêchés, déchus, décédés ou disparus ...		Fils et filles âgés de moins de 21 ans.	Z^q
		Fils et filles âgés de 21 ans accomplis.	Z^r
Parents n'ayant jamais été connus.....		Fils et filles âgés de moins de 21 ans.	Z^s
		Fils et fille âgés de 21 ans accomplis.	Z^t
		Cas spécial à certains étrangers.	
Parents existants.......		Etrangers dispensés par les lois de leur pays de demander le consentement de leurs parents.	Z^u.

2° Formules d'énonciations correspondant au tableau synoptique de la page précédente et complétant la formule 58 (*Suite*).

CORRESPONDANCE avec le tableau synoptique.	ÉNONCIATIONS à insérer sous les n°s 216 et 230 de la formule 58, exprimant les situations filiales des futurs époux, et renvoyant, par des numéros, aux énonciations complémentaires relatives au consentement des parents, inscrites ci-contre.	NUMÉROS indicateurs de la formule 58.	ÉNONCIATIONS COMPLÉMENTAIRES relatives au consentement des parents, ou à la cause justificative de l'absence de ce consentement, à insérer dans la formule 58, à la place des renvois ci-contre.
Z^o	Fils (*ou* fille) de parents non connus, ainsi qu'il résulte du procès-verbal d'abandon (*ou* de l'acte de notoriété), tenant lieu d'acte de naissance ci-dessus énoncé (217-231-c).	217-231	*Consentement des parents ou de ceux qui les représentent.* (a) *Père, mère, aïeuls et aïeules consentants.* (Voyez le texte donné ci-dessus, page 65.) (b) *Conseil de famille :* Autorisé à contracter le présent mariage par délibération du Conseil de famille, prise sous la présidence du juge de paix du canton de , le , dont l'expédition nous a été produite. (c) *Tuteur ad hoc :* Autorisé à contracter le présent mariage par (*prénoms, nom, profession, âge et domicile*), son tuteur *ad hoc* nommé par délibération du Conseil de famille prise sous la présidence du juge de paix du canton de , le , dont l'expédition nous a été produite, laquelle autorisation est (*ou* a été) donnée par ledit tuteur ad hoc, *soit :* ici présent et consentant, *soit :* aux termes d'un acte reçu par maître , notaire à , le , dont l'expédition nous a été produite. (d) *Conseil d'administration de l'hospice* (*ou directeur de l'Administration générale de l'Assistance publique à Paris*) *:* élève de l'hospice de (*ou* des hospices dépendant de l'Administration générale de l'Assistance publique de Paris), autorisé à contracter le présent mariage, *soit :* aux termes d'une délibération en date du , prise par le Conseil d'administration dudit hospice et à nous produite, *soit :* aux termes d'un acte de consentement en date du , délivré dans la forme administrative par le directeur de ladite Administration et à nous produit.
Z^p	Fils (*ou* fille) de parents non connus, ainsi qu'il résulte du procès-verbal d'abandon (*ou* de l'acte de notoriété) tenant lieu d'acte de naissance ci-dessus énoncé ; l dit comparant nous déclarant, avec serment, qu'à sa connaissance, il (*ou* elle) n'a jamais eu de filiation établie par acte authentique, ce qui nous a été certifié aussi avec serment par les quatre témoins du présent acte ci-après nommés, lesquels nous ont déclaré que, quoiqu'ils connussent l futur épou , ils ne lui ont jamais connu de filiation légale.		
Z^q	Fils (*ou* fille) de (*prénoms et noms des père et mère désignés dans l'acte de naissance ou d'abandon, avec leur qualité d'époux si elle y est mentionnée, les dates et lieux de leur décès* (219-223), *ou énoncé de leur empêchement* (220-234) ; *en outre, dans le cas de filiation légitime, si les noms des aïeuls sont connus :* petit-fils (*ou* petite-fille), du côté paternel de (*prénoms, noms, profession des aïeuls*), et du côté maternel de (*prénoms, nom, profession des aïeuls*) *avec indication des lieux et dates de leur décès* (219-233) *ou énoncé de leur empêchement* (220-234). L dit comparant (217-231-d).		
Z^r	Fils (*ou* fille) de (*prénoms et noms des père et mère désignés dans l'acte de naissance ou d'abandon, avec leur qualité d'époux, si elle y est mentionnée, les dates et lieux de leur décès* (219-233), *ou énoncé de leur empêchement* (220-234) ; *en outre, dans le cas de filiation légitime, si les noms des aïeuls sont connus :* petit-fils (*ou* petite-fille) du côté paternel de (*prénoms, noms, profession des aïeuls*), et du côté maternel de (*prénoms, noms, profession des aïeuls*) *avec indication des lieux et dates de leur décès* (219-233) *ou énoncé de leur empêchement* (220-234). L dit comparant n'ayant aucun autre ascendant connu (*cette énonciation sera confirmée à la place convenable par celle du n° 257 bis*), libre, par suite, dans l'exercice de ses droits.		
Z^s	Fils (*ou* fille) de parents non connus, ainsi qu'il résulte du procès-verbal d'abandon (*ou* de l'acte de notoriété) tenant lieu d'acte de naissance ci-dessus énoncé ; l dit comparant (217-231-d).		
Z^t	Fils (*ou* fille) de parents non connus, ainsi qu'il résulte du procès-verbal d'abandon (*ou* de l'acte de notoriété) tenant lieu d'acte de naissance ci-dessus énoncé. L dit comparant nous déclarant avec serment qu'à sa connaissance il (*ou* elle) n'a jamais eu de filiation établie par acte authentique, ce qui nous a été certifié, aussi avec serment, par les quatre témoins du présent acte ci-après nommés, lesquels nous ont déclaré que quoiqu'ils connussent l futur épou , ils ne lui ont jamais connu de filiation légale.	218-232	*Actes respectueux.* (Voyez le texte à la page précédente.)
		219-233	*Mention du décès des ascendants* Décédé à , département de , le .
Z^u	Fils (*ou* fille) de (*prénoms, nom, profession, âge et domicile du père*), lequel est de nationalité étant né à , le , et de (*prénoms, nom, profession, âge et domicile de la mère*) *s'ils sont décédés le mentionner*. L dit comparant libre, à cause de sa même nationalité , d'exercer ses droits civils pour le mariage, sans avoir à demander le consentement de ses parents, en vertu des lois de son pays, ce qui résulte de la circulaire du ministre de français en date du (*ou* d'un certificat de l'ambassadeur ou chargé d'affaires ou consul de , résidant à , en date du , qui nous a été produit , lequel revêtu du timbre national français porte la mention suivante : Enregistré à , le , folio , case . Reçu franc centimes, signé).	220-234	*Empêchements physiques ou légaux des ascendants.* (a) *Absence décarée ou ayant fait l'objet d'un jugement d'enquête ;* (b) *Absence non déclarée ;* (c) *Démence sans interdiction ;* (d) *Interdiction pour démence ;* (e) *Interdiction pour cause de condamnation,* (Voyez, pour chacun de ces alinéas, le texte donné ci-dessus, page 65.)

<table>
<tr><td>OBJET.
—</td><td>N^{os} DE
la Science
—</td><td>Formules correspondant, pour le texte, aux numéros de la Science du praticien
de l'état civil, 3e partie.</td></tr>
</table>

**Cérémonie de la célébra-
tion du mariage.**
Notes et texte pour l'officier de
l'état civil.

268

FORMULE 59

—

La future est placée à gauche du futur.
Le futur époux a ses père et mère et ses témoins à sa droite.
*La future épouse a ses père et mère et ses témoins à sa
gauche.*

(Tout le monde assis.)
Le secrétaire donne lecture des actes de publications et (en
abrégé) des pièces produites.
L'officier de l'état civil :

1° *Si les père et mère ou ceux qui les représentent assistent
au mariage* — leur adresse ces questions :

Monsieur et Madame   qui assistent ici le futur époux,
déclarent-ils consentir au mariage ?
Monsieur et Madame   qui assistent ici la future épouse,
déclarent-ils consentir au mariage ?

2° *Si les parties n'ont pas produit de certificat de notaire,*
— s'adressant aux futurs époux et à leurs parents, dit :

Conformément à la loi du 10 juillet 1850, je demande aux
futurs époux [et aux personnes qui les assistent pour donner
leur consentement] s'il a été fait un contrat de mariage.

(Tout le monde levé.)
L'officier de l'état civil :
1° Donne lecture des articles du Code civil concernant les
droits et les devoirs respectifs des époux, savoir :
Code civil, livre Ier, titre V, chapitre 6.
Article 212. — Les époux se doivent mutuellement fidélité,
secours, assistance.
Article 213. — Le mari doit protection à sa femme, la femme
obéissance à son mari.
Article 214. — La femme est obligée d'habiter avec le mari et
de le suivre partout où il juge à propos de résider : le mari est
obligé de la recevoir et de lui fournir tout ce qui est nécessaire
pour les besoins de la vie, selon ses facultés et son état.

2° Interpelle les futurs ainsi :

N   , déclarez vous prendre pour épouse Z   , ici présente ?
Et vous Z   , déclarez-vous prendre pour époux N   ,
ici présent ?

3° Prononce leur union ainsi :

Au nom de la loi, N   et Z   sont unis par le mariage.

*Après la lecture de l'acte de mariage faite par le secrétaire
et après la signature du marié, l'officier de l'état civil remet à
celui-ci : 1° le certificat de mariage destiné au prêtre ou
pasteur qui célébrera le mariage religieux, selon le vœu des
parties ; 2° un livret de famille.*

OBJET.	Nᵒˢ DE la Science	Formules correspondant, pour le texte, aux numéros de *la Science du praticien de l'état civil*, 3e partie.

Certificat de mariage pour servir à la célébration du mariage religieux.

269

FORMULE 60

DÉPARTEMENT de   MAIRIE de   ARRONDISSEMENT de

Le maire de la commune de   certifie que le mariage civil de

M
demeurant
(*s'il y a lieu :* veuf de   )
fils de
et de

Avec D
demeurant
(*s'il y a lieu :* veuve de   )
fille de
et de
a été célébré aujourd'hui en cette mairie.

En foi de quoi le présent certificat a été délivré, en conformité de la loi du 18 germinal an X, pour servir à la célébration du mariage religieux.

Fait en mairie, à   , le   mil huit cent quatre-vingt

Le Maire,

Livret de famille.

270

FORMULE 61

DÉPARTEMENT DE

COMMUNE DE

LIVRET DE FAMILLE

(Cette première partie est imprimée sur la première page de la couverture du livret).

Ce livret, gratuit, délivré au moment du mariage, devra être conservé avec soin par le chef de famille. On le présentera à la mairie toutes les fois qu'il y aura lieu de dresser un acte de naissance ou de décès.

AVIS IMPORTANT

(Cette seconde partie est imprimée sur la dernière page de la couverture du livret).

Le livret de famille permettra d'éviter, dans la rédaction des actes postérieurs au mariage, des erreurs qui ne pourraient être

<table>
<tr><td>OBJET.
—</td><td>N^{os} DE
la Science
—</td><td>Formules correspondant, pour le texte, aux numéros de la Science du praticien de l'état civil, 3e partie.</td></tr>
</table>

Livret de famille (form. 61, *suite*).

rectifiées que par jugement et en occasionnant aux familles des frais et des pertes de temps.

Les familles devront donc, dans leur propre intérêt, présenter ce livret toutes les fois qu'il y aura lieu de dresser un acte de l'état civil ou même un acte notarié.

Département de .

—

Commune de .

—

(Cette partie est imprimée sur la première page du corps du livret).

MARIAGE

Du   mil huit cent quatre-vingt   ,

Entre

Né le   , à   ,

Arrondissement de   , département de   ,

Profession

Domicilié à

Fils de   } mariés.

Et de

Veuf de

   Et

Née le   , à   ,

Arrondissement de   , département de   ,

Profession

Domiciliée à

Fille de   } mariés.

Et de

Veuve de

Contrat de mariage.

Délivré conformément au n° 4 de l'article 136 de la loi du 5 avril 1884.

L'officier de l'état civil,

Timbre et Signature.

OBJET.	N^{os} DE la Science	Formules correspondant, pour le texte, aux numéros de *la Science du praticien de l'état civil*, 3e partie.

Livret de famille (form. 61, *suite*).

DÉCÈS DES ÉPOUX

Mari.

Nom
Prénoms
Décédé le
A

L'officier de l'état civil,

Timbre et signature.

(Cette partie est imprimée au verso du premier feuillet du livret).

Femme.

Nom
Prénoms
Décédée le
A

L'officier de l'état civil,

Timbre et signature.

(Cette partie occupe la moitié supérieure du recto du 2e feuillet du livret).

NAISSANCE ET DÉCÈS DES ENFANTS ISSUS DU MARIAGE.

Nom Prénoms Né le A *L'officier de l'état civil,* Timbre et signature.	Décédé le A *L'officier de l'état civil,* Timbre et signature.
Nom Prénoms Né le A *L'officier de l'état civil,* Timbre et signature.	Décédé le A *L'officier de l'état civil,* Timbre et signature.

(Cette partie occupe la moitié inférieure du recto du 2e feuillet. Elle est reproduite deux fois sur chacune des cinq pages suivantes du livret).

<table>
<tr><td>OBJET.</td><td>N^{os} DE
la Science</td><td>Formules correspondant, pour le texte, aux numéros de la Science du praticien de l'état civil, 3e partie.</td></tr>
</table>

OBJET.	N°ˢ DE la Science	Formules correspondant, pour le texte, aux numéros de *la Science du praticien de l'état civil*, 3ᵉ partie.
Réquisition des parties pour mentionner une légitimation sur les registres de la commune de la célébration du mariage.	271	**FORMULE 62**

A Monsieur le maire de la commune de   ,

N   , le   18 .

Le soussigné,   (*prénoms, nom, profession et domicile*),
En vertu des articles 49 et 62 du Code civil,
Requiert Monsieur le maire de la commune de   , de vouloir bien mentionner, en marge de l'acte de naissance de l'enfant inscrit sous les prénoms et nom de   , sur les registres de l'état civil de ladite commune, à la date du   18 , l'acte de mariage dressé en la mairie de la même commune le   — dont l'expédition enregistrée est ci-jointe, — *ou* dont le soussigné n'a pas, quant à présent, l'intention de lever et faire enregistrer l'expédition, — aux termes duquel le soussigné et   (*prénoms et nom*) ont reconnu et légitimé l'enfant désigné en l'acte de naissance susdaté.

Le soussigné assure Monsieur le maire de sa considération distinguée.

(*Signature.*)

| **Réquisition des parties** pour mentionner une légitimation sur les registres d'une commune autre que celle du mariage. | 272 | **FORMULE 63** |

A Monsieur le maire de la commune de   ,

N   , le   18 .

Le soussigné,   (*prénoms, nom, profession, âge et domicile*),
En vertu des articles 49 et 62 du Code civil,
Requiert Monsieur le maire de la commune de   , de vouloir bien transcrire sur les registres de l'état civil de sa commune et mentionner en marge de l'acte de naissance de l'enfant inscrit sous les prénoms et nom de   , sur les registres de ladite commune, à la date du   18 , l'acte de mariage dressé par le maire de la commune de   , le   , dont l'expédition enregistrée est ci-jointe, aux termes duquel le soussigné et   (*prénoms et nom*) ont reconnu et légitimé l'enfant désigné en l'acte de naissance susdaté.

Le soussigné assure Monsieur le maire de sa considération distinguée.

(*Signature.*)

OBJET. —	N^{os} DE la Science —	Formules correspondant, pour le texte, aux numéros de *la Science du praticien de l'état civil,* 3e partie.

Acte de transcription d'un acte de mariage dressé à l'armée (A). — 272

FORMULE 64

—

Date, mois, année et heure de l'acte. — 34

Le   mil huit cent quatre-vingt   , à   heure
d   ,

Prénoms et nom de l'officier d'état civil. — 36

Nous, ...

Qualité de l'officier d'état civil. — 6, 11, 36

Si c'est le maire qui dresse l'acte : maire, officier de l'état civil de la commune de   , canton de   , arrondissement de   , département de   ,
Si c'est un autre officier public, se conformer aux indications de la formule 50, *suivant le cas.*

Titres honorifiques de l'officier d'état civil s'il y a lieu. — 38

A la suite de la transmission qui nous a été faite par le (*indiquer la qualité et la résidence du fonctionnaire*), dans une lettre en date du   , de l'acte de mariage du sieur   et de dame   , avons, immédiatement après réception et en la maison commune, transcrit sur le présent registre ledit acte de mariage dont la teneur suit : (*copier le texte entier de l'acte, y compris les mentions mises en tête et à la fin, en rapportant les signatures qui y sont apposées*).

Lieu où l'acte est dressé — 35

De laquelle transcription nous avons dressé le présent acte

Signature. — 45

que nous avons signé

Annexe des pièces. — 47

après y avoir annexé l'acte transcrit, préalablement paraphé par nous.

Acte de transcription, sur la réquisition des parties, d'un acte de mariage dressé à l'étranger (A). — 273

FORMULE 65

—

Date, mois, année et heure de l'acte. — 34

Le   mil huit cent quatre-vingt   , à   heure
d   ,

Prénoms et nom de l'officier d'état civil. — 36

Nous, ...

Qualité de l'officier d'état civil. — 6, 11, 36

Si c'est le maire qui dresse l'acte : maire, officier de l'état civil de la commune de   , canton de   , arrondissement de   , département de   ,
Si c'est un autre officier public, se conformer aux indications de la formule 50, *suivant le cas.*

Titres honorifiques de l'officier d'état civil s'il y a lieu. — 38

A la suite de la réquisition à nous faite par   (*prénoms, nom, âge, profession et demeure*), lequel, s'étant présenté devant nous à cet effet, nous a déclaré que, depuis le (*date*), il est de retour sur le territoire français (*dans le cas où l'acte de mariage ne mentionnerait pas les publications préala-*

(A) Voyez le *nota bene* qui suit l'Index placé en tête des formules de cette 3e partie.

OBJET.	Nᵒˢ DE la Science	Formules correspondant, pour le texte, aux numéros de *la Science du praticien de l'état civil,* 3ᵉ partie.

Acte de transcription
(form. 65, *suite*) (A).

bles faites en France, on ajouterait ici : et que les publications de son mariage, dont il nous a présenté l'acte, ont été faites en France, dans la commune de   , les dimanches   , et dans celle de   , les dimanches   , sans qu'il soit survenu d'opposition) ;

Lieu où l'acte est dressé. — 35

Avons immédiatement après réception, et en la maison commune, transcrit sur le présent registre la traduction française d'acte de mariage dont la teneur suit, à nous remise par ledit   *(prénoms et nom du requérant),* jointe à l'expédition authentique dressée en langue   et légalisée. *(Copier le texte entier de l'acte, y compris les mentions mises en tête et à la fin et en rapportant les signatures y apposées.)*

Paraphe et annexe des pièces. — 47

De laquelle transcription nous avons dressé le présent acte que nous avons signé, après y avoir annexé la traduction d'acte transcrite et l'expédition authentique y jointe, l'une et l'autre préalablement paraphées par nous et par le requérant, auquel

Lecture et signature. — 45

nous avons donné lecture dudit acte de transcription et qui l'a signé avec nous, *ou* qui a déclaré ne savoir signer.

Acte de transcription d'un acte de mariage dressé dans une autre commune et comportant une légitimation (A). — 273 bis

FORMULE 66

Date, mois, année et heure de l'acte. — 34

Le   mil huit cent quatre-vingt   , à   heure d   ,

Prénoms et nom de l'officier d'état civil. — 36

Nous, ...

Qualité de l'officier d'état civil. — 6, 11, 36

Si c'est le maire qui dresse l'acte : maire, officier de l'état civil de la commune de   , canton de   , arrondissement de   , département de   ;

Si c'est un autre officier public, se conformer aux indications de la formule 50, suivant le cas.

Titres honorifiques de l'officier d'état civil s'il y a lieu. — 38

A la suite de la réquisition à nous faite par   *(prénoms, nom, profession, âge et domicile)* — qui s'est présenté devant nous à cet effet, — *ou* laquelle réquisition, écrite sur feuille de papier timbré, demeurera ci-annexée après avoir été paraphée par nous, — *ou* laquelle réquisition faite par exploit de   , huissier à   , en date de ce jour, demeurera ci-annexée, après avoir été paraphée par nous ;

Lieu où l'acte est dressé. — 35

Avons, immédiatement après réception et en la maison commune, transcrit sur le présent registre l'acte de mariage dont la teneur suit, comportant une légitimation à mentionner sur nos registres, lequel acte — nous a été remis par le susnommé, — *ou* était joint à ladite réquisition. *(Copier le texte entier de l'acte de*

(A) Voyez le *nota bene* qui suit l'Index placé en tête des formules de cette troisième partie.

OBJET.	Nᵒˢ DE la Science	Formules correspondant, pour le texte, aux numéros de *la Science du praticien de l'état civil*, 3ᵉ partie.

Acte de transcription (form. 65, *suite*) (A).

mariage, y compris les mentions mises en tête et à la fin, et en indiquant ensuite les signatures qui y sont apposées.

De laquelle transcription nous avons dressé le présent acte que nous avons signé, après y avoir annexé l'acte transcrit, préalablement paraphé par nous ; — *si le requérant est présent, ajouter :* et par le requérant auquel nous avons donné lecture dudit acte de transcription et qui l'a signé avec nous, *ou* qui a déclaré ne savoir signer.

Paraphe et annexe des pièces. — 47

Lecture et signature. — 43

Acte de transcription de jugement de divorce (A). — 284

FORMULE 67

Date, mois, année et heure de l'acte. — 31

Le　　　mil huit cent quatre-vingt　　　, à　　　heure d　　　,

Prénoms et nom de l'officier de l'état civil. — 36

Nous, ...

Qualité de l'officier d'état civil. — 6, 11, 36

Si c'est le maire qui dresse l'acte : maire de la commune de　　　, canton de　　　, arrondissement de　　　, département de　　　;

Si c'est un autre officier public, se conformer aux indications de la formule 30, *suivant le cas.*

Titres honorifiques de l'officier d'état civil s'il y a lieu. — 38

A la suite de la réquisition à nous faite, au nom de (*prénoms, nom, profession et domicile*), par exploit du ministère de　　　, huissier à　　　, en date du　　　, et sur la production : 1° de la grosse d'un jugement du tribunal civil de première instance de　　　, en date du　　　(*ou de la grosse d'un arrêt de la Cour d'appel de　　　, en date du　　　*), qui a prononcé le divorce de　　　(*prénoms et nom*) et de　　　(*prénoms et nom*); 2° d'un certificat de maître　　　, avoué de la partie poursuivante, constatant que ledit jugement (*ou* ledit arrêt) a été signifié au domicile de l'autre partie le　　　; 3° d'un certificat du greffier du tribunal civil de première instance de　　　, constatant qu'il n'existe contre le jugement ni opposition ni appel (*dans le cas où le document produit pour être transcrit serait un arrêt de Cour d'appel, l'énonciation 3° ci-dessus serait remplacée par celle-ci :* 3° d'un certificat de non-pourvoi, délivré par le greffier de la Cour d'appel;

Lieu où l'acte est dressé. — 35

Avons, en la maison commune, transcrit sur le présent registre le dispositif du jugement (*ou* de l'arrêt) ci-dessus daté, duquel dispositif la teneur suit : (*copier ce dispositif*).

De laquelle transcription nous avons dressé le présent acte que nous avons signé, après y avoir annexé la grosse du jugement (*ou* de l'arrêt) dont s'agit, les certificats et exploit ci-dessus mentionnés, préalablement paraphés par nous.

Signature de l'acte. — 43

Paraphe et annexe des pièces. — 47

(A) Voyez le *nota bene* qui suit l'Index placé en tête des formules de cette troisième partie.

Réquisition de la partie poursuivante pour mentionner le divorce en marge de l'acte de mariage.

285

FORMULE 68

—

A Monsieur le maire de   ,

N   , le   18 .

Le soussigné   (*prénoms, nom, profession et domicile*),

En vertu des articles 49 et 251 du Code civil,

Requiert Monsieur le maire de la commune de   , de vouloir bien mentionner, en marge de l'acte du mariage du susnommé avec (*prénoms et nom*), dressé le   sur les registres de ladite commune, le jugement du tribunal de première instance de   , en date du   , transcrit sur les registres de ladite commune le   , aux termes duquel le tribunal a déclaré ce mariage dissous par le divorce.

Le soussigné — joint à la présente réquisition l'expédition dûment enregistrée de l'acte de transcription du   , ci-dessus mentionné — *ou* déclare qu'il n'a pas, quant à présent, l'intention de lever l'expédition de l'acte de transcription du   , ci-dessus mentionné.

Il assure Monsieur le maire de sa considération distinguée.

Mention du jugement de divorce en marge de l'acte de mariage.

285

FORMULE 69

—

Divorce. — Par jugement du tribunal de première instance de   (*ou* de la Cour d'appel de   ), en date du mil huit cent   , dont le dispositif a été transcrit le   , sur le registre des actes de mariage de la commune de   , le tribunal (*ou* la cour) a prononcé le divorce de   (*prénoms et nom*) et de   (*prénoms et nom*) dont le mariage a eu lieu par l'acte ci-contre.

Pour mention faite par nous   (*nom*), maire de la commune de   , sur le vu de la réquisition de   (*prénoms et nom*) susnommé, et — *soit* de l'expédition dudit acte de transcription portant la mention suivante : « Enregistré à   , le   , folio   , case   . Reçu   francs   centimes, signé   » — *ou* dudit acte de transcription.

A   , le   mil huit cent quatre-vingt   .

(*Signature.*)

N. B. — Pour l'envoi d'une copie de la présente mention au procureur de la République, voyez formules 16 et 17.

(A) Voyez le *nota bene* qui suit l'index placé en tête des formules de cette troisième partie.

OBJET.	Nᵒˢ DE la Science	Formules correspondant, pour le texte, aux numéros de *la Science du praticien de l'état civil,* 3ᵉ partie.

Bordereau des expéditions d'actes de l'état civil d'étrangers adressées à la sous-préfecture pour l'exécution des conventions internationales relatives à la communication réciproque des actes de l'état civil.

69, 147
280, 331

FORMULE 70 (A)

—

DÉPARTEMENT de	COMMUNE de ——	ARRONDISSEMENT de

BORDEREAU des expéditions d'actes de l'état civil d'étrangers (B), inscrits sur les registres pendant le   trimestre 18 .

Adressées à la sous-préfecture de   pour l'exécution des conventions internationales relatives à la communication réciproque des actes de l'état civil.

Nᵒˢ du registre	NOMS ET PRÉNOMS des parties (1)	DATE DES ACTES				LIEU D'ORIGINE (3)	OBSERVATIONS
		Nais-sances.	Recon-nais-sances.	Mariages (2)	Décès.		

Dressé par nous, maire,

A   , le   18 .

Le Maire,

(A) La présente formule est la reproduction de la formule 22.
(B) Sujets de l'Italie, de la Belgique, du grand-duché de Luxembourg, de la principauté de Monaco.
(1) Lorsqu'il s'agit d'un mariage, prendre deux lignes et indiquer les noms des deux époux.
(2) Lorsque l'acte de mariage contient légitimation, mentionner le fait dans la colonne d'observations.
(3) Indiquer autant que possible :
   Pour les actes de naissance, le lieu d'origine ou dernier domicile des père et mère à l'étranger.
   Pour les actes de reconnaissance, les indications ci-dessus, plus celle du lieu de naissance de l'enfant.
   Pour les actes de mariage, le lieu de naissance ou le domicile, soit du conjoint, soit de ses père et mère.
   Pour les actes de décès, le lieu de naissance ou le dernier domicile, à l'étranger, de la personne décédée.

FORMULAIRE

DU

PRATICIEN DE L'ÉTAT CIVIL

QUATRIÈME PARTIE

Formules applicables aux actes de décès et aux formalités causées par les décès (1).

INDEX DE CES FORMULES SUIVANT LEUR RANG DE NUMÉROS

(Les numéros font suite à ceux de la 3ᵉ partie).

---

(1) Les formules 73 à 77 ne sont pas applicables dans les mairies de Paris à cause de la législation particulière à la ville de Paris.

89. Avis au préfet de la transmission faite au commandant du bureau de recrutement, concernant le décès d'un homme de 20 à 45 ans.

90. Etat des membres de la Légion d'honneur décédés dans le mois.

91. Etat des décorés de la médaille militaire décédés dans le mois.

92. Avis au commandant de place du décès d'un membre de la Légion d'honneur pour obtention des honneurs militaires.

93. Lettre transmettant au sous-préfet l'acte de décès d'un étranger pour être transmis à l'agent diplomatique de son pays, conformément aux circulaires ministérielles des 26 janvier 1836, 10 mai 1855, 17 mai 1864.

94. Bordereau récapitulatif des expéditions d'actes de décès d'étrangers adressées à la sous-préfecture pendant le   trimestre pour être transmises aux agents diplomatiques des pays des défunts, conformément aux circulaires ministérielles des 26 janvier 1836, 10 mai 1855, 17 mai 1864.

95. Notice relative à la succession d'un étranger décédé, sujet d'une nation avec laquelle la France a traité pour le règlement des successions,

96. Bordereau des expéditions d'actes de l'état civil d'étrangers inscrits sur les registres pendant le   trimestre, adressées à la sous-préfecture pour l'exécution des conventions internationales relatives à la communication réciproque des actes de l'état civil.

97. Avis du décès d'un enfant mis en nourrice, en sevrage ou en garde dans la commune. (Exécution de la loi du 23 décembre 1874.)

98. Etat nominatif des anciens militaires de la République et de l'Empire décédés dans le mois.

99 Etat nominatif des personnes dont les décès ont été constatés du vendredi   au jeudi   .

100. Etat des décès survenus dans la commune pendant le mois de   , indiquant les causes de décès déterminées dans les certificats de médecins constatateurs délégués par le maire. (Exécut. de l'art. 77 C. civ.)

101. Statistique sanitaire du mois de   .

N. B. — 1° Pour faciliter la lecture et l'intelligence du sens des formules d'actes, il a été ménagé dans ces formules des alinéas et des blancs. On ne devra jamais perdre de vue qu'il faut ne laisser ni alinéas ni blancs dans les actes, pour se conformer aux prescriptions légales rappelées au n° 43 de *la Science du praticien de l'état civil*;

2° Le présent formulaire ne comporte pas de formules en ce qui concerne les inhumations, sépultures, opérations et cérémonies funèbres qui sont la suite d'un décès. Les formules à employer pour ces services sont comprises dans un autre ouvrage du même auteur, publié séparément, pour servir aux familles ainsi qu'aux officiers d'état civil. Il porte le titre suivant :

« *Funérailles, Honneurs funèbres et Sépultures.* — Ouvrage pratique, utile aux magistrats muni-
« cipaux et aux familles. Comprenant : — 1ʳᵉ partie. Exposé de l'organisation des services civils
« relatifs aux opérations qui précèdent ou accompagnent l'inhumation d'un défunt, aux funérailles, aux
« honneurs funèbres publics et aux sépultures; — 2° partie. Législation réglant ces différents objets
« et déterminant les droits, obligations et responsabilités des administrateurs et des particuliers
« qu'ils concernent; — 3° partie. Formules à employer par les administrations et par les parents
« des défunts pour l'accomplissement des services mortuaires (1). »

---

(1) Cet ouvrage paraîtra prochainement.

OBJET.	Nᵒˢ DE la Science	Formules correspondant, pour le texte, aux numéros de *la Science du praticien de l'état civil*, 4ᵉ partie.

Délégation du maire au médecin pour constater un décès. — 293

FORMULE 71

MAIRIE DE .....

DÉLÉGATION AU MÉDECIN

Nous, maire de la commune de

Sur la déclaration à nous faite le   à   heure du   , que M.   profession de   , âgé de   , né à   , département de   , le   , célibataire *ou* épou *ou* veu de   , fils de   et de   , est décédé le   , à   heure du   , rue   nᵒ   ;

Déléguons M. le docteur   , à l'effet de se transporter au plus tôt dans la maison, de s'y faire représenter le corps, de constater le décès et d'en expliquer les causes par un certificat dressé d'autre part (1) ou dans un rapport qui nous sera transmis sans retard.

N   , le   18 .

Le Maire,

Certificat de médecin constatant un décès. — 293

FORMULE 72 (2)

Je soussigné, docteur en médecine (*ou* en chirurgie), à   , agissant en vertu du mandat de visite délivré par M. le Maire,

Certifie avoir fait ce jourd'hui, à   heure du   (*a*) la visite du corps de   (*b*)   , âgé de   , nati de   , département de   , exerçant la profession de (*c*   ), décédé le   jour du mois de   , à   heure du   , rue   nᵒ   , dans un logement situé à   (*d*) et à l'exposition .....

Je déclare que le décès est constant et paraît avoir été causé par   (*e*).

Je déclare, en outre, qu'il a été attesté par   que, pendant la durée de la maladie, M.   rue   nᵒ   , a été appelé à donner des soins au (*ou* à la) décédé   , et que les médicaments ont été fournis par M.   (*f*)   rue   nᵒ

Fait à   , le   18 .

N. B. — Le présent certificat doit être immédiatement transmis à M. le Maire de la commune.

---

(1) (2) Le certificat du médecin sera mis au dos du mandat du maire, s'il n'y a pas de motifs pour dresser un rapport particulier.

La formule de ce certificat ici donnée (formule 72) est la reproduction du modèle transmis par circulaire du ministre de l'intérieur aux préfets, en date du 24 décembre 1866.

(*a*) Indiquer le jour et l'heure de la visite.

(*b*) Indiquer les nom et prénoms, sexe ; — si la personne décédée est mariée, non mariée ou veuve.

(*c*) Désigner la profession personnelle s'il y a lieu, celle du mari en cas de décès de sa femme, ou celle des père et mère en cas de décès des enfants.

(*d*) Faire connaître l'étage et l'exposition (nord, sud, est, ouest) du logement.

(*e*) Relater la nature de la maladie, les causes antécédentes ou complications, la durée de la maladie, et s'il y a eu ouverture du corps. — Dans le cas où il s'agirait d'un enfant sorti vivant du sein de sa mère, mais décédé avant que la déclaration de naissance ait pu être faite, indiquer, d'après les déclarations, quelle a été la durée de son existence.

(*f*) Enfin, inscrire le nom et le sexe des personnes, ayant titre ou non, qui ont donné des soins à la personne décédée et de celles qui ont fourni les médicaments.

OBJET.	Nᵒˢ DE la Science	Formules correspondant, pour le texte, aux numéros de *la Science du praticien de l'état civil*, 4ᵉ partie.

Procès-verbal constatant une mort violente, accidentelle ou subite. — 294

FORMULE 73

L'an mil huit cent quatre vingt   , le   à   heure d   ,

Nous,   maire de la commune de   ,

Averti par le sieur   (*prénoms, nom, âge, profession et demeure*) que le sieur   (*nom*) venait d'être trouvé mort en son domicile à   rue   , nᵒ   (ou sur le territoire de cette commune au lieu dit   ), avons immédiatement envoyé mander M.   docteur en médecine, demeurant à   , pour qu'il se rende à l'endroit susindiqué afin de procéder, en notre présence, à la constatation du décès et à l'examen des circonstances de nature à faire connaître la cause de la mort.

Arrivé près du cadavre où nous nous sommes immédiatement transporté avec le sieur   susnommé, nous l'avons reconnu pour être le corps du sieur   (*prénoms, nom, âge, profession et domicile, lieu où il est né, prénoms et nom de son conjoint s'il était marié ou veuf, prénoms, noms, professions et domicile de ses père et mère*).

Il était couché   (*décrire la position du corps, s'il était dans son lit ou hors du lit, avec ou sans vêtements, entravé ou non dans la liberté de ses membres, les objets qui étaient dans ses poches ; si aucun désordre ne se remarquait dans le logement ; si quelque arme ou objet de nature à donner la mort ne se trouvait pas près de lui ; si aucun écrit n'a été laissé par lui, expliquant un suicide ; enfin, faire connaître toutes les circonstances susceptibles de faire apprécier si la mort est naturelle ou si elle est le résultat d'un suicide ou d'un meurtre*).

S'il y a lieu : En attendant l'arrivée du médecin, nous avons fait placer le corps sur le lit qui se trouvait dans la même pièce.

Ou bien : Nous avons laissé le corps dans cette position où l'a trouvé, en notre présence, M.   médecin susnommé, lorsqu'il est arrivé à   heures   .

Après avoir prêté en nos mains le serment de faire l'examen du corps et de nous donner son avis en son âme et conscience sur la cause présumée du décès, ce praticien a procédé devant nous à la visite du corps, et il résulte de sa déclaration et du certificat signé par lui, visé par nous et joint au présent procès-verbal, que la mort a été causée par

Ayant interrogé les parents présents sur ce qu'ils pouvaient connaître, ils nous ont fait les déclarations suivantes :

Le sieur   (*prénoms, nom, âge, profession, domicile, degré de parenté avec le défunt*) que   .

(*Rapporter les dépositions qui donnent certitude de la cause accidentelle, volontaire ou criminelle de la mort et qui peuvent faire connaître les personnes responsables ou criminelles.*)

De quoi nous avons dressé le présent procès-verbal que les sieurs   susnommés ont signé avec nous, après lecture, en mairie, les dits jour, mois et an, à   heure   du   .

Procès-verbal constatant la mort d'un inconnu.　296

FORMULE 74

—

L'an mil huit cent quatre-vingt　　, le　　à　　heure du　　,

Nous,　　maire de la commune de　　,

Averti par le sieur　　(*prénoms, nom, âge, profession et demeure*) que le cadavre d'une personne inconnue venait d'être trouvé sur le territoire de cette commune, au lieu dit　　, avons immédiatement envoyé mander M.　　docteur en médecine, demeurant à　　, pour qu'il se rende à l'endroit susdésigné afin de procéder, en notre présence, à la constatation du décès et à l'examen des circonstances de nature à faire connaître les causes de la mort.

Arrivé près du cadavre où nous nous sommes tout de suite transporté avec le sieur　　susnommé, nous avons d'abord constaté qu'il était celui d'un homme paraissant être âgé de　　ans, environ. Il était étendu dans le champ du sieur　　(*prénoms et nom*) cultivateur, demeurant à　　rue　　nᵒ　　. Il était couché sur le côté　　(*décrire la position du corps*) ; à sa droite *ou* à sa gauche *ou* à ses pieds, *etc.*, se trouvaient (*indiquer les objets ayant pu servir à donner la mort, restés sur place*) ; il était vêtu de　　(*décrire les vêtements, désigner les objets qui étaient dans les poches, les marques du linge, et donner tous les détails de nature à faciliter la reconnaissance de ces objets par ceux qui pourraient les avoir vus avant le décès ; donner aussi sa taille et son signalement*).

Ayant demandé aux personnes présentes, notamment les sieurs　　(*prénoms, noms, âges, professions et demeures*), si elles connaissaient l'individu décédé ou si elles se souvenaient de l'avoir vu vivant, elles nous ont répondu négativement.

A ce moment, M.　　, docteur-médecin ci-devant nommé, étant arrivé, nous l'avons invité à examiner le cadavre et à nous faire connaître, s'il lui était possible, la cause certaine ou présumée de la mort.

Préalablement, il a prêté en nos mains le serment de procéder à son examen et donner son avis en son âme et conscience.

Il résulte de la déclaration de ce praticien consignée dans le certificat signé de lui, visé par nous et joint au présent procès-verbal, que la mort doit être attribuée à　　(*indiquer la cause*).

Nous avons aussitôt fait transporter le cadavre à l'abri et de manière à être soustrait aux yeux du public, dans un local dépendant de la maison du sieur　　(*prénoms, nom et profession*), situé rue　　nᵒ　　, et l'y avons laissé sous la garde du

<table>
<tr><td>OBJET
—</td><td>N^{os} DE
la Science
—</td><td>Formules correspondant, pour le texte, aux numéros de la Science du praticien de l'état civil, 4e partie.</td></tr>
</table>

sieur   (*prénoms, nom, âge, profession et domicile*), en attendant qu'il pût être procédé à l'inhumation.

De tout ce que dessus avons dressé le présent procès-verbal en deux exemplaires, dont l'un sera transmis à M. le procureur de la République avec le certificat du médecin, pour obtention de l'autorisation d'inhumer, et l'autre restera déposé aux archives de la mairie.

Et après la lecture que nous en avons faite aux sieurs et au médecin, tous ci-dessus nommés, ils l'ont signé avec nous, en la mairie (*ou* sur place) lesdits jour, mois et an, à   heure du   .

<table>
<tr><td>Procès-verbal constatant
l'inhumation d'un inconnu.</td><td>296</td></tr>
</table>

FORMULE 75

—

L'an mil huit cent quatre-vingt   , le   à   heure du   ,

En vertu de l'autorisation donnée le   , par M. le procureur de la République près le tribunal civil de première instance de   ;

A la suite du procès-verbal, en date du   , dressé par le maire de la commune de   , constatant la mort d'un homme inconnu qui paraissait âgé d'environ   ans, dont le cadavre a été trouvé sur le territoire de cette commune au lieu dit   ;

Il a été procédé, par les soins du sieur   (*prénoms, nom, âge, profession et domicile*), aidé des sieurs   (*prénoms, noms, âges, professions et domiciles*), devant nous   (*prénoms et nom*) maire de cette commune, en présence de   (*indiquer quelques-unes des personnes présentes*), à l'inhumation au cimetière communal du corps de l'inconnu susdésigné, placé dans un cercueil en bois de   , ayant   m   c   de long sur   m   c   de large à la hauteur des épaules, et sur lequel a été clouée une plaque en plomb portant gravé (*ou* frappé) le numéro *ou* le mot   (*indiquer lequel*).

Ce cercueil a été déposé dans une fosse pratiquée dans le   ^{me} carré du côté gauche (*ou* droit) en entrant dans le cimetière, à la suite de la fosse renfermant le corps du sieur décédé à   le   .

De quoi nous, maire susnommé, avons dressé, en mairie, les dits jour, mois et an, le présent procès-verbal que les sieurs susnommés ont signé avec nous après lecture, en deux exemplaires dont l'un sera adressé à M. le procureur de la République et l'autre restera déposé aux archives de la mairie.

Procès-verbal constatant
l'enlèvement d'un corps avant
que l'officier de l'état civil ait
pu s'assurer du décès.

297

FORMULE 76

—

L'an mil huit cent quatre-vingt   , le   à   heure
du   ,

Nous   maire de la commune de   ,

Averti par le sieur N   (*prénoms, nom, âge, profession et
domicile*) (*ou* par la rumeur publique) que le corps inerte d'une
personne supposée morte avait été trouvé sur le territoire de
cette commune, au lieu dit   , et qu'il avait été enlevé et
transporté dans une autre commune ;

Considérant que le décès n'a été constaté ni par nous ni par
aucune personne déléguée par nous ;

Nous sommes transporté audit lieu, accompagné du susnommé,
et après avoir interrogé plusieurs personnes se trouvant près de
là, nous avons appris :

1° Que le corps dont il s'agit paraît être celui du sieur
(*prénoms, nom, âge, profession et domicile*) ;

2° Qu'il a été trouvé à l'endroit ci-dessus désigné le   , à
heure du   , par le sieur   (*prénoms, nom, âge, profession et domicile*), actuellement absent pour plusieurs jours ;

3° Que ce dernier ayant cru reconnaître le défunt l'a placé
dans sa voiture et a dirigé celle-ci du côté de   , pour le déposer chez les parents dudit défunt, demeurant à   , rue
nº   ;

4° Que cela s'est passé en présence des sieurs   (*prénoms,
noms, professions et demeures*), lesquels appelés devant nous ne
se sont pas rendus à notre invitation.

Le sieur N   n'ayant eu, comme les personnes interrogées
par nous, connaissance des faits que par la voix publique n'a
pu nous donner aucun autre renseignement.

De quoi nous avons, en notre mairie, lesdits jour, mois et an,
dressé le présent procès-verbal que ledit sieur N   a signé
avec nous après lecture, afin qu'il soit pris telle mesure que de
droit par M. le procureur de la République à   , auquel il sera
adressé.

<table>
<tr><td>OBJET.
—</td><td>N^{os} DE
la Science
—</td><td>Formule correspondant, pour le texte, aux numéros de la *Science du praticien
de l'état civil*, 4° partie.</td></tr>
</table>

<table>
<tr><td>**Procès-verbal** constatant la disparition du corps d'une personne engloutie dans les flots.</td><td>298</td><td></td></tr>
</table>

FORMULE 77

—

L'an mil huit cent quatre-vingt   , le   à   heure
du   ,

Nous   , maire de la commune de   ,

Averti par le sieur   (*prénoms, nom, âge, profession et demeure*) qu'il venait d'apprendre, en passant le long de la rivière — *ou* par la rumeur publique — qu'un homme venait de tomber dans la rivière de   , sur le territoire de notre commune, au lieu dit   , nous sommes immédiatement rendu au bord de la rivière au lieu susindiqué où nous avons trouvé un rassemblement d'une vingtaine de personnes. Le sieur   (*prénoms, nom, âge et domicile*), batelier, monté dans son bateau, sondait déjà la rivière en descendant le courant de l'eau de manière à pouvoir saisir le corps de la personne disparue. Nous l'avons invité à continuer ce travail de recherche.

Nous avons aussitôt questionné les personnes qui étaient présentes en ce moment sur le bord de la rivière, pour provoquer des éclaircissements sur l'événement, de la part de celles qui pourraient avoir à en donner.

Le sieur   (*prénoms, nom, âge, profession et demeure*) nous a alors déclaré que, ce même jour à   heure, se trouvant à cultiver son champ de   , situé à   mètres environ en amont de l'endroit de ce rassemblement, il a vu passer sur le chemin de halage, à distance de lui d'environ   mètres, un homme vêtu   (*indiquer la nature et la couleur des vêtements*) la tête couverte de   , d'une taille moyenne, paraissant d'un âge de   à   ans, et dont l'allure naturelle ne lui faisait appréhender rien de fâcheux.

Il avait cessé de diriger sa vue du côté de ce passant et s'occupait de son travail quand, une minute ou deux après, il a entendu le bruit de la chute d'un corps dans la rivière. S'étant relevé pour regarder, il n'a plus aperçu ce passant, qui n'avait pourtant pas eu le temps de s'éloigner beaucoup. Ayant couru à l'endroit d'où le bruit était venu, ledit sieur   n'a rien vu dans l'eau coulant là avec rapidité, au pied d'une berge presque à pic et de près de   mètres de hauteur. Personne ne se trouvant présent, il a appelé au secours, et presque aussitôt le sieur   , batelier, déjà nommé ci-dessus, sortant de sa maison située aux environs, est accouru, est monté dans son bateau qu'il a décroché de la rive et s'est mis à la recherche du corps.

Le sieur   (*prénoms, nom, âge, profession et domicile*), faisant partie du groupe des personnes assemblées, nous a déclaré que, vers   heure   , se trouvant sur une propriété qu'il possède le long de la rivière, il a vu passer le sieur

<table>
<tr><td>OBJET.
—</td><td>N^{os} DE
la Science
—</td><td>Formules correspondant, pour le texte, aux numéros de la Science du praticien
de l'état civil, 4e partie.</td></tr>
</table>

Procès-verbal constatant la disparition du corps d'une personne engloutie dans les flots (form. 77, *suite*).

(*prénoms et nom*) qu'il connaît depuis longtemps, qu'il était vêtu de la manière qui vient d'être indiquée par le sieur   , qu'il suivait le chemin de halage en se dirigeant du côté où ce dernier a remarqué ce passant, et que tout porte à croire que c'est lui qui est tombé dans la rivière. Rien dans les allures du sieur ne faisait soupçonner aucune intention de suicide.

Nous avons alors envoyé immédiatement au domicile de la personne reconnue par le sieur   , avec invitation aux personnes qui se trouveraient à ce domicile de se rendre auprès de nous, sur le lieu de l'événement que nous n'avons pas quitté, attendant le résultat des recherches du batelier que nous ne perdions pas de vue.

A   heure, le nommé   (*prénoms, nom, âge, profession et domicile*) trouvé au domicile susindiqué par le sieur messager envoyé par nous, s'est rendu près de nous et, sur nos interrogations, nous a déclaré que, ce même jour   à heure, son père   (*prénoms, nom, âge, profession*) vêtu de   , était sorti de son domicile pour se rendre à   , et qu'il ne l'a plus revu.

La nuit étant proche, les recherches n'ayant amené aucun résultat et la rapidité du courant donnant lieu de penser que le corps est déjà parvenu bien loin, le batelier, sur notre invitation, a cessé ses recherches.

La description donnée par les sieurs   déjà nommés étant en parfaite concordance avec celle donnée par le fils   , il y a lieu de supposer que le corps tombé à la rivière et qui a disparu est celui du sieur   (*prénoms, nom, âge, profession, domicile, lieu de sa naissance, prénoms et nom de sa femme, prénoms, noms, professions et domicile de ses père et mère, à lui*) et que la chute dans la rivière provient de ce que ledit individu s'est, par mégarde, trop approché du bord.

De tout ce que dessus nous avons dressé, en deux exemplaires, le présent procès-verbal que les sieurs   déjà nommés ont signé avec nous, après lecture, à   , en mairie, ledit jour mil huit cent   , à   heure   du   .

N. B. — La rédaction qui précède donne un aperçu de celle qui peut être adoptée pour le cas de disparition dans un incendie, ou sous des éboulements de mines ou carrières. Mais, dans ces derniers cas, les recherches doivent être poursuivies jusqu'à la rencontre d'obstacles insurmontables constatés par les hommes compétents.

<table>
<tr><td>OBJET.
—</td><td>N^{os} DE
la Science
—</td><td>Formules correspondant, pour le texte, aux numéros de la Science du praticien
de l'état civil, 4e partie.</td></tr>
</table>

Acte de la présentation d'un enfant sans vie pour lequel il n'a pas été dressé d'acte de naissance (A).	301	**FORMULE 78** —

Date, mois, année, heure de l'acte.	301-1°	Du mil huit cent quatre-vingt à heure du
Indication de la nature de l'acte.	301-2°	Acte de la présentation d'un enfant sans vie
Sexe de l'enfant.	301-3°	du sexe fil
(Si l'enfant est posthume, le dire.)	105	posthume (a)
(Si l'enfant est jumeau, le dire.)	106	jumeau premier-né *ou* deuxième né
Filiation de l'enfant.	301-4°	

S'il est enfant légitime : de   (*prénoms, nom, profession, âge (b) du père*) et de   (*prénoms, nom, profession, âge de la mère*), son épouse, demeurant ensemble à   , rue   , n°   .

S'il est enfant naturel reconnu par son père, la mère désignée : de   (*prénoms, nom, profession, âge et domicile du père, — s'il est présent, dire* : lequel déclare s'en reconnaître le père, — *s'il est représenté par un mandataire, dire* : lequel s'en est reconnu le père, aux termes de la procuration ci-après énoncée), et de   (*prénoms, nom, profession, âge et domicile de la mère*), non mariés.

S'il est enfant naturel reconnu par son père, la mère non désignée : de   (*prénoms, nom, profession, âge et domicile du père, — s'il est présent, dire* : lequel déclare s'en reconnaître le père, — *s'il est représenté par un mandataire, dire* : lequel s'en est reconnu le père, aux termes de la procuration ci-après énoncée), et de mère non désignée.

S'il est enfant naturel non reconnu, sa mère désignée : de   (*prénoms, nom, profession, âge et domicile de la mère*), non mariée.

S'il est enfant naturel non reconnu, la mère non désignée : de père et mère non désignés.

Prénoms et nom de l'officier d'état civil.	301-5°	Dressé par nous .....
Qualité de l'officier d'état civil.	301-5°	*Si c'est le maire qui dresse l'acte* : maire, officier de l'état civil

de la commune de   , canton de   , arrondissement de   , département de   ,

En cas de délégation donnée par le maire à un adjoint : adjoint au maire de la commune de   , canton de   , arrondissement de   , département de   , remplissant, par suite d'un arrêté de délégation du maire, en date du   , les fonctions d'officier de l'état civil de ladite commune (c),

En cas de délégation donnée par le maire à un conseiller

(A) Voyez le *nota bene* qui suit l'Index placé en tête des formules de cette 4e partie.

(a) (b) Lorsqu'il s'agira de la présentation d'un enfant légitime posthume, on remplacera l'indication de l'âge du père par l'indication du lieu et de la date de son décès.

(c) Cette partie de formule, qui s'applique à toutes les communes de France, à l'exception de Paris, est la seule qui soit applicable à Lyon, sauf à substituer aux mots « commune de   » ceux de « premier ou second, etc., adjoint de la ville de   . »

Acte de la présentation d'un enfant sans vie (form. 78, *suite*) (A).

municipal : conseiller municipal de la commune de　　, canton de　　, arrondissement de　　, département de　　, remplissant en l'absence (*ou* en l'empêchement) des adjoints (*ou* de l'adjoint) et en vertu d'une délégation spéciale du maire, en date du　　, les fonctions d'officier de l'état civil de ladite commune,

En cas d'absence ou d'empêchement du maire, sans délégation : premier (*ou* second) adjoint, remplissant par suite d'absence (*ou* d'empêchement) du maire (*ajouter s'il y a lieu :* et du premier adjoint) les fonctions d'officier de l'état civil de la commune de　　, canton de　　, arrondissement de　　, département de　　,

En cas d'absence ou d'empêchement du maire et des adjoints : conseiller municipal de la commune de　　, canton de　　, arrondissement de　　, département de　　, remplissant, par suite de l'absence et de l'empêchement du maire, des adjoints et des conseillers les premiers inscrits au tableau des conseillers municipaux, les fonctions d'officier de l'état civil de ladite commune.

En cas où une commission spéciale remplace un conseil municipal dissous ou dont tous les membres sont démissionnaires : président (*ou* vice-président en l'absence *ou* l'empêchement du président) de la commission spéciale nommée par décret en date du　　, remplissant les fonctions de maire, officier de l'état civil de la commune de　　, canton de　　, arrondissement de　　, département de　　,

En cas où l'acte est dressé par l'adjoint spécialement nommé pour recevoir les actes d'état civil dans la fraction de commune qu'il habite : adjoint spécial chargé de remplir les fonctions d'officier de l'état civil dans la section dite　　, dépendant de la commune de　　, canton de　　, arrondissement de　　, département de　　,

Si c'est un adjoint qui dresse l'acte dans un des arrondissements de Paris : adjoint au maire, officier de l'état civil du arrondissement de la ville de Paris,

Titres honorifiques de l'officier d'état civil, s'il y a lieu.　301-5ᵒ

Sur la présentation de l'enfant à nous faite

Si la présentation est faite en l'absence du père, le dire (*d*).　301-6ᵒ

le père étant absent (*d*)

Par qui la présentation est faite.　301-7ᵒ

Si c'est par le père, par le père susnommé,

Si c'est par un mandataire du père (*e*) : par　　(*prénoms, nom, profession, âge et domicile*), agissant au nom et comme mandataire du père susnommé, en vertu d'une procuration spéciale passée devant maître　　, notaire à　　, le　　, dont l'expédition, paraphée par ledit mandataire et par nous, demeurera annexée au présent acte.

A défaut du père, lorsque la mère est accouchée chez elle :

OBJET.	Nᵒˢ DE la Science	Formules correspondant, pour le texte, aux numéros de *la Science du praticien de l'état civil,* 4ᵉ partie.

Acte de la présentation d'un enfant sans vie (form. 78, *suite*), (A).

par (*prénoms, nom, profession, âge et domicile, — soit du docteur en médecine ou en chirurgie, — soit de la sage-femme, — soit de l'officier de santé, — soit de toute autre personne ayant assisté à l'accouchement*), 1 quel a assisté à l'accouchement,

A défaut du père, lorsque la mère est accouchée hors de chez elle, — soit comme au paragraphe ci-dessus, soit comme suit : par (*prénoms, nom, profession, âge et domicile de la personne chez laquelle l'accouchement a eu lieu*), au domicile de qui la mère est accouchée,

Lieu de l'accouchement. — 301-8ᵒ

L quel nous a déclaré que ledit enfant est sorti du sein de sa mère au domicile susdésigné de ses père et mère (*ou de sa mère, ou d déclarant*),

Date et heure de l'accouchement. — 301-9ᵒ

le , à heure du .

Prénoms, noms, professions, âges et domicile des deux témoins. — 301-10ᵒ

Lesdites déclaration et présentation faites en présence de

Lieu où l'acte est dressé. — 301-11ᵒ
Lecture et signature de l'acte. — 301-12ᵒ

Après la lecture que nous avons faite du présent acte, en notre mairie, au déclarant (*ou à la déclarante*) et aux témoins, ils l'ont signé avec nous.

Acte de décès (A). — 302

FORMULE 79

Date, mois, année et heure de l'acte de décès. — 303

Du mil huit cent quatre-vingt , à heure du ,
Acte de décès de

Prénoms, nom et domicile de la personne décédée. — 304

Sa profession, ses titres et décorations s'il y a lieu, ou sa qualité d'enfant. — 305

Lieu du décès (*a*). — 306

décédé à

Date et heure du décès. — 307

le , à heure du , (*b*)

Age de la personne décédée. — 308

âgé de

Lieu de sa naissance. — 309

né à , canton de , arrondissement de , département de ,

Date de sa naissance si elle est connue. — 310

le

Sa qualité de célibataire si, ayant atteint l'âge légal pour le mariage, elle n'a jamais été mariée, ou prénoms, nom, âge, profession et domicile de l'autre époux, si la personne décédée était mariée ou veuve. — 311

célibataire,
ou épou de (*prénoms, nom, âge, profession et domicile*),
ou marié : les noms de l'époux (*ou* épouse) inconnus aux déclarants,
ou veuf (*ou* veuve) de (*prénoms et nom*)
ou veuf (*ou* veuve) : les noms de l'époux (*ou* l'épouse) inconnus aux déclarants,

Prénoms, noms, professions et domicile des père et mère de la personne décédée (*c*). — 312

fils (*ou* fille) de
ou de père et mère dont les noms sont inconnus aux déclarants.

(A) Voyez le *nota bene* qui suit l'Index placé en tête des formules de cette 4ᵉ partie.

(*a*) Le lieu du décès, quand il n'est pas le domicile, doit être exprimé de manière à ne pas faire connaître que le décès a eu lieu dans un hopital, une prison, ou tout autre endroit pouvant faire soupçonner le genre de mort ou une mort malheureuse.

(*b*) Si l'acte de décès est dressé dans une commune autre que celle du décès, on ajoutera ici : « Et transporté, avant « que son identité ait été reconnue, à , rue , nᵒ . »

(*c*) L'indication du domicile des père et mère est remplacée, quand ils n'existent plus, par le mot « décédés ». Il n'y a pas à mentionner le lieu ni la date de leur décès, pas plus qu'il n'y a à mentionner le lieu ni la date du décès du précédent conjoint du défunt quand il est veuf.

OBJET.	Nᵒˢ DE la Science	Formules correspondant, pour le texte, aux numéros de *la Science du praticien de l'état civil* 4ᵉ partie.
Prénoms, nom de l'officier d'état civil.	313	Dressé par nous .....
Qualité de l'officier d'état civil.	313	*Si c'est le maire :* Maire, officier de l'état civil de la commune de , canton de , arrondissement de , département de , *Si c'est un autre officier public, se conformer aux indications de la formule 78, suivant le cas.*
Titres honorifiques de l'officier d'état civil, s'il y a lieu.	313	
Mention que l'officier d'état civil s'est assuré du décès.	314	après nous être assuré du décès,
Prénoms, noms, professions, âges et domiciles des deux déclarants, et, s'ils sont parents du défunt, leur degré de parenté.	315	sur la déclaration à nous faite par
Lecture de l'acte aux déclarants.	316	Après la lecture que nous leur avons faite du présent acte, en
Lieu où l'acte est dressé.	317	mairie,
Signature de l'acte.	318	ces deux témoins l'ont signé avec nous (*si l'un des témoins ou tous les deux ne pouvaient signer on le mentionnerait et on indiquerait la cause de l'empêchement*).

Acte de transcription d'un jugement constatant un décès, ou de l'acte de décès d'une personne de la commune, transmis par un fonctionnaire public (A).	320 à 322	**FORMULE 80**

OBJET.	Nᵒˢ DE la Science	
Date, mois, année et heure de l'acte de transcription.	34	Le mil huit cent quatre-vingt , à heure du ,
Prénoms et nom de l'officier d'état civil.	36	Nous .....
Qualité de l'officier de l'état civil.	6, 11, 36	*Si c'est le maire qui dresse l'acte :* Maire, officier de l'état civil de la commune de , canton de , arrondissement de , département de , *Si c'est un autre officier public, se conformer aux indications de la formule 78, suivant le cas.*
		A la suite de la transmission qui nous a été faite par le (*indiquer la qualité et la résidence du fonctionnaire*), dans une lettre en date du , de l'expédition d'un jugement concernant le décès du sieur (*ou de l'acte de décès du sieur *)
Titres honorifiques de l'officier d'état civil, s'il y a lieu.	38	
Lieu où l'acte est dressé.	35	avons, immédiatement après réception et en la maison commune, transcrit sur le présent registre ledit jugement (*ou* acte), dont la teneur suit : (*Copier le texte entier du jugement ou acte, y compris les mentions mises en tête et à la fin, en rapportant les signatures qui y sont apposées.*)
Signature de l'acte.	47	De laquelle transcription nous avons dressé le présent acte que nous avons signé après y avoir annexé le jugement (*ou* acte)
Paraphe et annexe des pièces.	45	transcrit et la lettre d'envoi, l'un et l'autre préalablement paraphés par nous.

(A) Voyez le *nota bene* qui suit l'Index placé en tête des formules de cette 4ᵉ partie.

OBJET.	Nᵒˢ DE la Science	Formules correspondant, pour le texte, aux numéros de *la Science du praticien de l'état civil*, 4ᵉ partie.

Acte de transcription d'un jugement constatant un décès, ou de l'acte de décès d'une personne de la commune, à la requête des parties intéressées (A). — 320 à 322

FORMULE 81

—

Date, mois, année et heure de l'acte de transcription. — 34

Le   mil huit cent quatre-vingt   , à   heure   du

Nous .....

Prénoms et nom de l'officier d'état civil. — 36

Qualité de l'officier de l'état civil. — 6, 11, 36

Si c'est le maire qui dresse l'acte : maire, officier de l'état civil de la commune de   , canton de   , arrondissement de   , département de   ,

Si c'est un autre officier public, se conformer aux indications de la formule 78, suivant le cas.

Titres honorifiques de l'officier d'état civil, s'il y a lieu. — 38

A la suite de la réquisition à nous faite par   (*prénoms, nom, profession, âge et demeure*) — qui s'est présenté devant nous à cet effet, — *ou* laquelle réquisition écrite sur une feuille de papier timbré demeurera ci-annexée, après avoir été paraphée par nous, — *ou* laquelle réquisition exprimée par exploit du ministère de   , huissier à   , en date de ce jour, demeurera ci-annexée, après avoir été paraphée par nous. (*S'il s'agit de la transcription d'un jugement rendu dans une cause ayant eu un contradicteur, ajouter :* et sur la production à nous faite : 1º d'un certificat de maître   , avoué de la partie poursuivante, constatant que le jugement ci-après énoncé a été signifié au domicile de l'autre partie le   ; 2º d'un certificat du greffier du tribunal civil de première instance de   , constatant qu'il n'existe contre le jugement ni opposition ni appel);

Lieu où l'acte est dressé. — 35

Avons, immédiatement après réception et en la maison commune, transcrit sur le présent registre l'acte (*ou* jugement) dont la teneur suit, lequel — nous a été remis par le susnommé — *ou* était joint à ladite réquisition. (*Copier le texte entier de l'acte ou du jugement, y compris les mentions mises en tête et à la fin et en rapportant les signatures qui y sont apposées.*)

Paraphe et annexe des pièces. — 47

De laquelle transcription nous avons dressé le présent acte que nous avons signé, après y avoir annexé l'acte (*ou* jugement) transcrit, ainsi que les autres pièces ci-dessus énoncées, tous préalablement paraphés par nous ; — *si le requérant est présent, ajouter :* et par le requérant, auquel nous avons donné lecture dudit acte de transcription et qui l'a signé avec nous, *ou* qui a déclaré ne savoir signer.

Lecture et signature. — 45

(A) Voyez le *nota bene* qui suit l'Index placé en tête des formules de cette 4ᵉ partie.]

OBJET.	Nᵒˢ DE la Science	Formules correspondant, pour le texte, aux numéros de *la Science du praticien de l'état civil,* 4ᵉ partie.

Lettre d'envoi au sous-préfet de l'expédition d'un acte de décès à transcrire sur les registres de la commune où le défunt avait son domicile.

323

FORMULE 82

—

MAIRIE DE

N   , le   18   .

Monsieur le Sous-Préfet,

J'ai l'honneur de vous adresser ci-incluse l'expédition de l'acte de décès du sieur   , décédé en ma commune, hors domicile (sur la voie publique, — ou à l'hospice de   ) le   .

Je vous prie de vouloir bien faire parvenir, après légalisation, cette expédition au maire de la commune de   , département de   , où le défunt avait son domicile, afin qu'elle soit transcrite sur les registres de l'état civil, conformément aux prescriptions de l'article 80 (*ou* 82) du Code civil.

Veuillez agréer, Monsieur le Sous-Préfet, l'assurance de ma respectueuse considération.

Le Maire,

Avis au Préfet d'un décès causé par maladie épidémique.

324

FORMULE 83

—

DÉPARTEMENT de	COMMUNE de	ARRONDISSEMENT de

DÉCÈS CAUSÉ PAR MALADIE ÉPIDÉMIQUE

Numéro d'ordre du registre de l'état civil.
Date du décès.
Nom.
Prénoms.
Sexe.
Age.
Profession.
Demeure   , rue   , nᵒ
Lieu de naissance.
Nature de la maladie qui a causé la mort.
Cause la plus apparente de l'épidémie.
Observations.

Certifié conforme aux bulletins des médecins constatateurs des décès.

N   , le   18 .

Le Maire,

325

FORMULE 84

COMMUNE DE

M   (*prénoms, nom, âge, profession et demeure*),
Célibataire (*ou* marié, *ou* veuf),
Est décédé le   , en son domicile, à   , rue   n°   .
Laissant pour héritiers :

Soit des enfants mineurs sans tuteur.

Soit des enfants mineurs sous la tutelle de M   (*prénoms, nom, profession et demeure du tuteur et le degré de sa parenté avec ses pupilles*).

Soit des absents (*indiquer leur degré de parenté avec le défunt et le lieu éloigné où l'on suppose qu'ils sont domiciliés*).

Le défunt possédait des valeurs mobilières et un mobilier réputés importants.

Le tout est actuellement sous la garde de M   (*indiquer s'il est un des héritiers et son degré de parenté avec le défunt*).

Avis en est donné à M. le juge de paix, conformément à l'arrêté du gouvernement du 22 prairial an V et à l'article 911 du Code de procédure civile.

Fait à   , le   18   .

Le Maire,

326

FORMULE 85

COMMUNE DE

M   (*prénoms, nom, âge et demeure*),
(*ses titres, qualités et fonctions*),
Est décédé le   , en son domicile à   rue   n°   .
Les objets qu'il a laissés à son domicile sont actuellement sous la garde de M   (*indiquer les prénoms, nom, qualité et domicile de la personne qui a la garde des objets et sa parenté avec le défunt*).

Avis en est donné à M. le juge de paix, conformément à l'article 911, n° 3, du Code de procédure civile.

Fait à   , le   18   .

Le Maire,

<table>
<tr><td>OBJET.
—</td><td>Nᵒˢ DE
la Science
—</td><td>Formules correspondant, pour le texte, aux numéros de la Science du praticien de l'état civil, 4ᵉ partie.</td></tr>
</table>

<table>
<tr><td>Avis au ministre de la guerre (et semblable avis au général commandant la région) du décès d'un officier supérieur.</td><td>326</td></tr>
</table>

FORMULE 86

—

. MAIRIE DE

—

A Monsieur le Ministre de la guerre ou *Général commandant la région.*

Monsieur le Ministre (*ou* Général),

J'ai l'honneur de vous informer, conformément aux instructions ministérielles des 8 mars 1823 et 30 avril 1874, que M   (*prénoms, titres, qualités et fonctions*) est décédé le   , en son domicile à   , rue   , nᵒ   .

Veuillez agréer, Monsieur le Ministre *ou* Général, l'assurance de mon profond respect (*ou* ma haute considération).

Le Maire,

—

<table>
<tr><td>Avis au juge de paix du décès d'un militaire.</td><td>327</td></tr>
</table>

FORMULE 87

—

MAIRIE DE

—

Le militaire   (*prénoms et nom*) appartenant au   régiment de   , ᵐᵉ bataillon,   ᵐᵉ compagnie, est décédé le   , en sa caserne située à   , rue   , nᵒ   .

Laissant des héritiers domiciliés à

Avis en est donné à M. le juge de paix, afin qu'il puisse apposer les scellés sur les effets du défunt, conformément à l'arrêté du Gouvernement du 22 prairial an V, à l'article 911 du Code de procédure civile et à l'Instruction du ministre de la guerre du 8 mars 1823.

Fait à   , le   18   .

Le Maire,

8

OBJET.	N°ˢ DE la Science	Formules correspondant, pour le texte, aux numéros de *la Science du praticien de l'état civil*, 4ᵉ partie.

Avis au commandant du bureau de recrutement du décès d'un homme âgé de 20 à 45 ans.

328

FORMULE 88

—

DÉPARTEMENT de —   COMMUNE de   ARRONDISSEMENT de —

Exécution des circulaires ministérielles des 20 mars 1877 et 29 janvier 1883.

CANTON de

AVIS DE DÉCÈS

A FOURNIR PAR LE MAIRE POUR TOUT INDIVIDU AGÉ DE 20 A 45 ANS

N° d'ordre   . *Folio n°*   .

Le Maire d   , département de   , informe M. le commandant de recrutement de la subdivision du (1)   bureau de recrutement de   , que le nommé (2)   né le à   , canton d   , département d   , est décédé le   (3)   , dans ladite commune, ainsi qu'il résulte de l'acte dressé aujourd'hui même en mairie.

RENSEIGNEMENTS COMPLÉMENTAIRES (4).

A concouru au tirage au sort dans le canton d   département d   ,

(Classe 18 .)

Faisait partie de l'armée (5) .....

A   , le   18 .

Le Maire,

Avis au préfet de la transmission faite au commandant du bureau de recrutement, concernant le décès d'un homme de 20 à 45 ans.

328

FORMULE 89

—

DÉPARTEMENT de —   COMMUNE de   ARRONDISSEMENT de —

Exécution des circulaires ministérielles des 20 mars 1877 et 29 janvier 1883.

CANTON de

AVIS DE DÉCÈS

A FOURNIR PAR LE MAIRE POUR TOUT INDIVIDU AGÉ DE 20 A 45 ANS

N° d'ordre   . *Folio n°*   .

Le Maire d   , département d   , donne avis à M. le préfet (a)   qu'il vient d'informer M. le commandant de recrutement de la subdivision du   bureau de recrutement de   , que le nommé   (*le reste comme en la formule 88*).

---

(1) Subdivision de recrutement dont dépend la commune dans laquelle a eu lieu le décès.
(2) Noms, prénoms, surnoms.
(3) Date en toutes lettres.
(4) Le maire ne remplira cette partie du bulletin que lorsque les renseignements seront portés à sa connaissance, sans qu'il soit tenu à aucune recherche.
(5) Armée active (régiments) — réserve (corps d'affectation) — armée territoriale (régiments.)
(a) Pour ce qui concerne les envois faits au préfet de la Seine, on ajoute ici : (Division des Affaires militaires avenue Victoria, n° 4.)

Etat des membres de la **Légion d'honneur** décédés dans le mois.

329

FORMULE 90

DÉPARTEMENT
de

COMMUNE de
— —

ARRONDISSEMENT
de

État des membres de la Légion d'honneur décédés dans le mois de   18   .

NOMS ET PRÉNOMS	DATE ET LIEUX de naissance	DATE DU DÉCÈS	GRADE	OBSERVATIONS

Dressé par nous, Maire, pour être transmis à M. le Préfet du département, conformément à la circulaire de M. le Ministre de l'Intérieur du 2 janvier 1880.

A   , le   18   .

Le Maire,

Etat des décorés de la **médaille militaire** décédés pendant le mois.

329

FORMULE 91

DÉPARTEMENT
de

COMMUNE de
— —

ARRONDISSEMENT
de

État des décorés de la médaille militaire décédés dans le mois de   18   .

NOMS ET PRÉNOMS	DATE DU BREVET	DATE DU DÉCÈS	POSITION AU JOUR DU DÉCÈS

Dressé par nous, Maire, pour être transmis à M. le Préfet du département, conformément aux instructions de M. le Ministre de l'Intérieur.

A   le   18   .

Le Maire,

Avis au commandant de place du décès d'un membre de la Légion d'honneur (pour obtention des honneurs militaires.)

329

FORMULE 92

MAIRIE DE

N   , le   18   .

Monsieur le Commandant,

M   (*prénoms, nom, qualité civile ou militaire et grade du défunt dans la Légion d'honneur*)   de la Légion d'honneur, est décédé en son domicile à   , rue   , nᵒ   .

J'ai l'honneur de vous prier, d'accord avec la famille, de vouloir bien envoyer à ses obsèques, qui auront lieu le   , à   heure   , le corps de troupes auquel lui donne droit son grade dans la Légion d'honneur, d'après le chapitre XLI du décret du 23 octobre 1883.

Agréez, je vous prie, Monsieur le Commandant, l'assurance de ma considération très distinguée.

Le Maire,

Lettre adressant au sous-préfet l'acte de décès d'un étranger pour être transmis à l'agent diplomatique de son pays, conformément aux circulaires ministérielles des 26 janvier 1836, 10 mai 1855 et 17 mai 1864.

331-2ᵒ

FORMULE 93

MAIRIE DE

DÉCÈS DU SIEUR . . .
   sujet...

Monsieur le Sous-Préfet,

J'ai l'honneur de vous adresser ci-jointe l'expédition de l'acte de décès du sieur   , sujet   , décédé en ma commune le   .

Cette expédition est destinée à être transmise, après avoir été légalisée par M. le Préfet, à l'agent diplomatique de la patrie du défunt, conformément à la circulaire de M. le Ministre de l'Intérieur du 26 janvier 1836, rappelée et confirmée par celles des 10 mars 1855 et 17 mai 1864.

Recevez, je vous prie, Monsieur le Sous-Préfet, l'assurance de ma respectueuse considération.

Le Maire,

Bordereau récapitulatif des expéditions d'actes de décès d'étrangers, adressées à la sous-préfecture pendant le trimestre, pour être transmises aux agents diplomatiques du pays des défunts, conformément aux circulaires de M. le Ministre de l'Intérieur des 26 janvier 1836, 10 mars 1855 et 17 mai 1864.	331-2°

FORMULE 94

DÉPARTEMENT   COMMUNE de   ARRONDISSEMENT
de   ——   de

BORDEREAU récapitulatif des expéditions d'actes de décès d'étrangers adressées à la sous-préfecture de   , pendant le   trimestre   18   ,

Pour être transmises aux agents diplomatiques du pays des défunts, conformément aux circulaires de M. le Ministre de l'Intérieur du 26 janvier 1836, 10 mars 1855 et 17 mai 1864.

Nᵒˢ des ACTES	NOMS ET PRÉNOMS	DATES DES ACTES	LIEU D'ORIGINE	DATE D'ENVOI de la Notice de succession.	OBSERVATIONS

Dressé par nous, Maire, pour être transmis à M. le Préfet d ...

A   , le   18   .

Le Maire,

Notice relative à la succession d'un étranger décédé, sujet d'une nation avec laquelle la France a traité pour le règlement des successions.	331-1°

FORMULE 95

DÉPARTEMENT   COMMUNE de   ARRONDISSEMENT
de   ——   de

NOTICE CONCERNANT LA SUCCESSION D'UN SUJET D .....

Nom
Prénoms
Agé de
Domicile
Né à
Décédé le   , à   heure   d
A   , rue   , nᵒ   .
Inscrit sur le registre des décès le
Fils de
Et de
(Célibataire
{ Marié à
(Veuf de
Les biens qu'il a laissés au lieu de son décès consistent

<table>
<tr><td>OBJET.
—</td><td>N^{os} DE
la Science
—</td><td>Formules correspondant, pour le texte, aux numéros de la Science du praticien
de l'état civil, 4e partie.</td></tr>
</table>

en   (*maison, mobilier, valeurs mobilières*) pouvant être évaluées à

Le tout est sous la garde de M.

La présente notice est destinée au représentant de la nation du défunt, pour le règlement de la succession de celui-ci.

Elle est transmise à M. le Sous-Préfet de   , conformément aux circulaires de M. le Ministre de l'Intérieur des 28 janvier 1865 et 21 juin 1869.

Fait à   , le   18 .

Le Maire,

Bordereau des expéditions d'actes de l'état civil d'étrangers inscrits sur les registres pendant le trimestre, adressées à la sous-préfecture pour l'exécution des conventions internationales relatives à la communication réciproque des actes de l'état civil.

331-3°

FORMULE 96

—

DÉPARTEMENT   COMMUNE de   ARRONDISSEMENT
de   ——   de

BORDEREAU des expéditions d'actes de l'état civil d'étrangers (*a*), inscrits sur les registres pendant le   trimestre   18 , adressées à la sous-préfecture de   pour l'exécution des conventions internationales relatives à la communication réciproque des actes de l'état civil.

N^{os} du Registre	NOMS ET PRÉNOMS des parties (1)	Naissances.	Reconnaissances.	Mariages (2)	Décès.	LIEU D'ORIGINE (3)	OBSERVATIONS

Dressé par nous, Maire.

A   , le   18 .

Le Maire,

---

a) Sujets de l'Italie, de la Belgique, du grand-duché de Luxembourg, de la principauté de Monaco.
(1) Lorsqu'il s'agit d'un acte de mariage, prendre deux lignes et indiquer les noms des deux époux.
(2) Lorsque l'acte de mariage contient légitimation, mentionner le fait dans la colonne d'observation.
(3) Indiquer autant que possible :

Pour les actes de naissance, le lieu d'origine ou le dernier domicile des père et mère à l'étranger.
Pour les actes de reconnaissance, les indications ci-dessus, plus celle du lieu de naissance de l'enfant à l'étranger.
Pour les actes de mariage, le lieu de naissance ou le domicile, soit du conjoint, soit de ses père et mère.
Pour les actes de décès, le lieu de naissance ou le dernier domicile, à l'étranger, de la personne décédée.

Nota. — La présente formule est la reproduction de la formule 22.

<table>
<tr><td>OBJET.</td><td>N^{os} DE
la Science</td><td>Formules correspondant, pour le texte, aux numéros de la Science du praticien
de l'état civil, 4e partie.</td></tr>
</table>

Avis du décès d'un enfant mis en nourrice, en sevrage ou en garde dans la commune.(Exécution de la loi du 23 décembre 1874.)	332	**Formule 97** (*a*)

DÉPARTEMENT
de
—

ARRONDISSEMENT
de
—

CANTON
de
—

MAIRIE
de
—

N° D'ORDRE
du registre
...

Date de la déclaration.
...

AVIS
A TRANSMETTRE DANS
LES TROIS JOURS.

(A) *En cas de déclaration d'élevage* (1), — *de retrait* (2), — *de changement de nourrice* (3), — *de changement de résidence de la nourrice* (4), — *du décès de l'enfant* (5).

1° Au médecin inspecteur, à la visiteuse de la circonscription et au membre de la Commission locale chargé de la surveillance des nourrissons du quartier (1, 2, 3, 4, 5);

2° Au maire de la commune où la déclaration de placement a été faite *ou* à celui de la commune où sont domiciliés les parents, lorsque la déclaration de placement a été faite dans une commune autre que celle du domicile (1, 2, 3, 4, 5);

3° Au maire de la commune où demeure la nouvelle nourrice de l'enfant (3);

4° Au maire de la commune où va résider la nourrice (4).

B. *En cas de réception d'avis de retrait* (1), — *de changement de nourrice* (3), — *de changement de résidence de la nourrice* (4), — *de décès de l'enfant* (5).

Aux parents ou ayants droit.

(*Exécution de la loi du 23 décembre* 1874) relative à la protection des enfants du premier âge.

(*Application de l'article* 9 *de cette loi et de l'article* 24 *du règlement du* 27 *février* 1877.)

DÉCLARATION faite par la nourrice, sevreuse ou gardeuse, concernant l'enfant qui lui a été confié.

Du registre tenu à la mairie de   , il appert que l'enfant nommé   , prénommé   , né le   18   , et inscrit à la mairie de   , sous le n°   , fils   légitime *ou* naturel de   , profession de   , demeurant à   , rue   , n°   , baptisé à l'église de   , le   18   , qui a été confié le   18   , suivant déclaration faite, en vertu de l'article 7 de la loi, à la mairie de   , à la nommée   , f^e   , domiciliée rue   , n°   , à   , canton de   , département de   , et munie d'un carnet délivré à   , sous le n°   , laquelle doit l'élever   (*b*)   moyennant   francs par mois (*c*).

1° Est arrivé le   18   à

2° A été repris le   18   , par

3° A été changé de nourrice et remis le   18   à la nommée   (   ) f^e   , demeurant rue   n°   , à

4° Est parti avec sa nourrice pour

5° Est décédé le   18   , a   , des suites de

Pour extrait certifié conforme.

N   , *le*   18   .

Le Maire,

A M.

RECOMMANDATION IMPORTANTE. — Avoir soin de rayer toute mention qui n'aurait pas été utilisée (*c*).

(*a*) La présente formule est la reproduction de la formule 44 dont on se sert ici pour économiser les frais d'un imprimé spécial.

(*b*) Conditions de placement.

(*c*) L'objet du présent avis étant le décès, ce sont les quatre alinéas 1, 2, 3, 4 qui doivent être bâtonnés.

OBJET.	Nᵒˢ DE la Science	Formules correspondant, pour le texte, aux numéros de *la Science du praticien de l'état civil*, 4ᵉ partie.

Etat nominatif des anciens militaires de la République et de l'Empire décédés dans le mois. — 333

FORMULE 98

DÉPARTEMENT de　　　　COMMUNE de　　　　ARRONDISSEMENT de

ÉTAT NOMINATIF des anciens militaires de la République et de l'Empire décédés dans le mois de 　　　　18　.

NOMS ET PRÉNOMS	DATE ET LIEUX DE NAISSANCE	DATES DES DÉCÈS	OBSERVATIONS

Dressé par nous, Maire, pour être transmis à M. le Sous-Préfet de 　　　　.

A 　　　, le 　　　18　.

Le Maire,

<table>
<tr><td>OBJET.</td><td>N^{os} DE
la Science</td><td>Formules correspondant, pour le texte, aux numéros de la Science du praticien
de l'état civil, 4e partie.</td></tr>
</table>

OBJET.	Nᵒˢ DE la Science	Formules correspondant, pour le texte, aux numéros de *la Science du praticien de l'état civil*, 4ᵉ partie.
État nominatif des personnes dont les décès ont été constatés du vendredi au jeudi .	335	

FORMULE 99

DÉPARTEMENT de   COMMUNE de   ARRONDISSEMENT de

ÉTAT NOMINATIF des personnes dont les décès ont été constatés du vendredi   au jeudi   .

NUMÉROS D'ORDRE du registre de l'état civil.	DATES DES DÉCÈS	NOMS	PRÉNOMS	SEXE	ÂGE	PROFESSIONS	DEMEURES		LIEUX de naissance.		CAUSE DE MORT	OBSERVATIONS
							Rues.	Numéros.	Localités.	Départements.		

Certifié exact.

N   , le   18   .

Le Maire,

NOTA. — Les renseignements ci-dessus doivent être fournis pour toutes les personnes décédées, même celles dont le décès a été l'objet d'un procès-verbal.

Dans la colonne d'observations, la Mairie fera connaître s'il existe dans la commune, en dehors des cas de décès, quelque maladie ayant un caractère contagieux ou épidémique.

Etat des décès survenus dans la commune pendant le mois, indiquant les causes de décès déterminées par les certificats des médecins constatateurs délégués par le Maire (exécution de l'article 77 du Code civil.)

335

FORMULE 100

DÉPARTEMENT de   COMMUNE de   ARRONDISSEMENT de

ÉTAT DES DÉCÈS survenus dans la commune pendant le mois de   18 , indiquant les causes de décès déterminées dans les certificats des médecins constatateurs délégués par le maire. (Exécution de l'article 77 du Code civil.)

NUMÉROS D'ORDRE du registre de l'état civil.	DATES DES DÉCÈS	NOMS	PRÉNOMS	SEXE	AGE	PROFESSIONS	DEMEURES		LIEUX de naissance.		CAUSE DE MORT	OBSERVATIONS
							Rues	Numéros.	Localités.	Départements.		

Certifié exact et conforme aux certificats ci-joints des médecins constatateurs des décès.

N   , le   18 .

Le Maire,

OBJET.	N^{os} DE la Science	Formules correspondant, pour le texte, aux numéros de *la Science du praticien de l'état civil*, 4e partie.

Statistique sanitaire du mois.

335

FORMULE 101

DÉPARTEMENT de

COMMUNE de ——

ARRONDISSEMENT de

STATISTIQUE SANITAIRE du mois de   18 .

Population de fait de la commune d'après le dernier recensement (garnison comprise). } ..... hab.

Mariages :
Divorces :

	LÉGITIMES		ILLÉGITIMES		TOTAL		
	Masculin	Féminin	Masculin	Féminin	Masculin	Féminin	TOTAL
Naissances d'enfants vivants...........							
Enfants mis en nourrice dans la commune							
Enfants mis en nourrice hors de la commune..........							
Mort-nés.............							

DÉCÈS survenus sur le territoire de la commune pendant le mois de   18 . (Mort-nés non compris.)

N^{os} D'ORDRE	CAUSES	Moins de 1 an.	De 1 à 19 ans.	De 20 à 39 ans.	De 40 à 59 ans.	De 60 ans et au delà.	TOTAL
1	Fièvre typhoïde ou muqueuse.						
2	Variole......................						
3	Rougeole....................						
4	Scarlatine...................						
5	Coqueluche..................						
6	Diphtérie, croup, angine couenneuse						
7	Choléra asiatique....						
8	Phtisie pulmonaire...........						
9	Autres tuberculoses...........						
10	Tumeur.....................						
11	Méningite simple.............						
12	Congestion et hémorragie cérébrales..................						
13	Paralysie sans cause indiquée.						
14	Ramollissement cérébral......						
15	Maladies organiques du cœur.						
16	Bronchite aiguë..............						
17	Bronchite chronique..........						
18	Pneumonie, broncho-pneumonie						
19	Diarrhée, gastro-entérite......						
20	Fièvre et péritonite puerpérales.						
21	Autres affections puerpérales..						
22	Débilité congénitale et vice de conformation...............						
23	Sénilité.....................						
24	Suicides....................						
25	Autres morts violentes........						
26	Autres causes de mort........						
27	Causes restées inconnues.....						
	TOTAL DES DÉCÈS.....						

Vu et certifié exact :

N   , le   18 .

Le Maire,

OUVRAGES DU MÊME AUTEUR

1° ACTUELLEMENT EN VENTE :

La Science du praticien de l'état civil, contenant l'exposé des règles tracées par la loi et la jurisprudence pour la rédaction des actes d'état civil, et pour l'exécution des formalités administratives auxquelles ils donnent lieu. 1 vol. grand in-8°. Librairie Paul Dupont. Prix, broché. . . . . 7 fr. 50

Naissances, Mariages et Décès. *Formalités qu'ils occasionnent ; droits qu'ils confèrent ; devoirs qu'ils imposent.* Ouvrage pratique destiné aux familles, contenant : d'abord, des explications sur les démarches, déclarations et justifications auxquelles sont obligées les personnes qui préparent la célébration d'un mariage et celles que la loi rend responsables, soit de l'accomplissement des formalités d'état civil, soit du payement des droits de succession ; ensuite, la législation déterminant : 1° les droits et devoirs respectifs des époux, l'autorité du père sur ses enfants, les devoirs de ceux-ci envers leurs parents, les obligations et formalités relatives à la tutelle des enfants mineurs et à leur émancipation, ainsi que les droits qui leur sont assurés ; 2° les droits et charges de succession dévolus aux parents d'un défunt, à son conjoint survivant ou à l'État ; 3° les donations entre vifs et les testaments par lesquels un parent a pu, dans certains cas, modifier l'ordre légal des successions et la part de ses héritiers ; 4° le tarif et les bases du droit de mutation dû à l'État par les héritiers, donataires et légataires des défunts. 1 vol. in-18. Librairie Cotillon, Pichon successeur, à Paris, rue Soufflot, n° 24. Prix, broché . . . . 2 fr. 75

Note-Répertoire de l'officier de l'état civil pour mariage projeté. Feuille double servant d'enveloppe de dossier, disposée de manière qu'il suffit de souligner ou marquer d'un signe affirmatif celles des indications y contenues qui se rapportent à la situation civile des futurs époux, pour avoir sous les yeux l'énoncé des pièces à produire et des formalités à remplir pour la célébration régulière de leur mariage. Librairie Cotillon-Pichon ci-dessus indiquée. Prix : 10 centimes l'exemplaire (port en sus).

Notice pour les futurs époux, leur indiquant les pièces qu'ils ont à produire et les formalités qu'ils ont à remplir pour la célébration de leur mariage, avec instructions imprimées appelant leur attention sur les sujets essentiels ou délicats. Même librairie Cotillon-Pichon. Prix : 5 centimes l'exemplaire (port en sus).

2° SOUS PRESSE :

Code du praticien de l'état civil, contenant le texte annoté des articles des codes et des articles de lois cités dans *La Science du praticien de l'état civil,* plus la législation étrangère sur les conditions exigées pour la validité des mariages.

Funérailles, Honneurs funèbres et Sépultures. Exposé de l'organisation et des règles des divers services mortuaires. Législation. Modèles et formules applicables.

Pompes funèbres. Explications, législation, modèles et formules concernant l'organisation et l'exécution du service dans les paroisses et communes.

9 782019 297398